JN410839

첫사랑 결혼

첫사랑 결혼

초판 1쇄 인쇄 | 2021년 10월 09일
지은이 | 박성숙
펴낸이 | 이재욱(필명:이승훈)
펴낸곳 | 해드림출판사
주 소 | 서울 영등포구 경인로82길 3-4(문래동1가 39)
센터플러스빌딩 1004호(우편07371)
전 화 | 02-2612-5552
팩 스 | 02-2688-5568
E-mail | jlee5059@hanmail.net

등록번호 제2013-000076
등록일자 2008년 9월 29일

ISBN 979-11-5634-476-6

첫사랑
결혼

박성숙 에세이

해드림출판사

옹달샘의 맑은 물이 넘치는 것처럼

많이 망설였다.

지극히 사소한 일상의 글이 부끄럽기만 했다.

오롯이 우리들의 이야기여서 특별하다 했다.

그래서 용기를 내보았다.

어려서부터 책을 좋아했던 나는 책을 읽으며 그 속에서 세상을 돌아다녔다. 긴 시간 약국에서 생활하면서도 책을 통해 자유로울 수 있었다. '삶은 무엇인가?' 그 답을 찾아 깨달음과 수행에 관련된 책을 많이 읽었다. 도서관에서 만난 다카하시 신지의 책 '우리가 이 세상에 살게 된 7가지 이유'는 인생 전환점이 되었다. 채워지지 않고 갈증이

났던 마음에 옹달샘의 맑은 물이 넘치는 것처럼 감사와 행복이 가득 찼다. 이상할 정도의 심리적 변화였다. 인도의 영적 스승 마하라지의 '아이 앰 댓'은 나의 마지막 책이 되었다. 늘 화두처럼 따라다녔던 물음에 더 이상 답을 찾아 헤맬 필요가 없다는 것을 알았다.

책을 읽는 지경을 넓혀 취미로 글쓰기를 시작했다. 말하는 것에 비해 글쓰기는 어려웠다. 내가 소속되어 있는 지역 약사회의 회지에 글이 활자화되어 나왔을 때 참 기뻤다. 글쓰기는 나를 치유하고 성장시키는 한 방법이다. 정리되지 않은 채 쌓아 놓았던, 깊숙이 가라앉고 숨어 있던 무의식을 건져 올려 밖으로 꺼내놓는 일이다.

언젠가 책을 출간하려는 꿈을 가졌다. 막연히 첫아이 결혼할 때 출판하려고 마음먹었다. 시간이 흐르면서 첫 마음은 빛이 바래갔다. 글쓰기에 대한 초기 열정이 사그라지고 늘지 않는 재주에 대한 실망으로 출판 계획은 사라진 듯했다. 드디어 딸은 프러포즈를 받고 결혼 날짜를 잡았다. 딸의 결혼을 소재로 글을 썼다. 제목이 '첫사랑 결혼'이다. 딸은 너무나 좋아하고 행복해했다. 이 일로 까맣게 잊고 있던 책 출판의 유령은 되살아나 재촉했다. 결국 보잘것없고 부족한 글을 모아 세상에 태어나게 했다. 어릴 적 동시 짓기를 곧잘 했던 딸의 동시 몇 편과 나의 수필을 함께 엮었다. 자식의 결혼도 처음, 수필집도 처음이라 서툴고 어설프지만 우리 가족이 함께 할 수 있음에 큰 의미를 둔다.

이 책을 출판하는데 용기와 격려를 아끼지 않은 가족과 재주를 주신 나의 엄마 '한정순' 여사에게 감사를 드립니다. 오랜 시간 함께한 수필 동호회 문우들에게도 따뜻한 감사를 드립니다. 사랑하는 사람과 함께 새로운 출발을 하는 기운이와 희경이에게 더할 나위 없는 행복과 기쁨이 항상 가득하길 기원하며 이 책을 선물합니다!

차례

1 첫사랑 결혼

2 화해

3 할머니의 눈빛

4 일상을 지우고 기억을 채우러 떠난다

1

첫사랑 결혼

플라스틱 병 속의 물

문희경 (7세, 1997년)

내가 물을 따르려고 하면
내가 먼저 내가 먼저 하면서 아우성쳐요
내가 물을 따르면 겨우 조용해져요
병 속에 든 물들은
찰랑찰랑 하고 부러워해요

키스

_연애 끝 결혼생활 백서

결혼할 때 엄마는 신신당부했다.

"아무리 싸워도 각방 써서는 안 돼! 잠은 꼭 같이 자거라."

별걱정을 다한다 싶었다. 시큰둥한 내 반응이 못 미더웠던지 성화를 댄다. 난 마지못해 '알았다고! 안 싸울 거야 걱정 마세요, 싸우더라도 꼭 붙어서 잘게.' 하고 엄마를 안심시켰다.

부모님은 가끔 심하게 다투셨지만, 밤이 지나면 언제 그랬냐는 듯 다정해졌다. 알다가도 모를 일이어서 입을

씰룩거렸다. 언제는 미워 죽겠다더니 원수라더니 흥 그러질 말든지. 엄마는 참 자존심도 없나 싶었다. 하룻밤에 만리장성을 쌓는다느니 베갯머리송사가 어쩌고 하는 말의 의미를 알 턱이 없었다.

몇 달 전 9년 동안의 주말부부를 청산하고 남편이 올라왔다. 그동안 여느 부부처럼 일상을 함께 할 수 있기를 학수고대한 나는 설레었다. 이제 내 곁에 매일 밤 있겠구나. 평일에도 퇴근 후에 내키면 집 앞 호프집에 갈 수 있고 때로는 심야 영화도 보러 갈 수 있겠네. 그가 내려가는 일요일 오후의 불안감이 가시고 마음이 안정되었다.

웬걸 현실은 그게 아니었다. 설렘은커녕 언제라도 할 수 있어서 그 흔한 키스조차도 당기지 않았다. 그동안은 주말에 좀 다투더라도 주중이라는 휴지기가 있어서 화가 난 마음이 스르르 풀렸다가 그리워질 때쯤 그를 볼 수 있었으므로 사랑싸움 같은 것이었다.

생활의 때가 끼어들 틈이 없었다. 오히려 사랑할 시간도 부족했다. 친구들이 부러워할 정도로 삼 대째 복을 지어야 누린다는 주말부부만의 특혜였다. 단지 나만 몰랐을

뿐이었다. 결국은 우려했던 대로 보통 50대 부부의 일상적인 결혼생활이 시작되었다.

그와 함께 살게 되면서 사소한 많은 부분이 불편해졌다. 기상 시간, 욕실 사용, 드라이어기 소리, 슬리퍼 끄는 소리 등 열거하려면 한이 없다. 특히 시도 때도 없는 스포츠시청은 노이로제 수준으로 몰고 갔다.

거실 TV는 온종일 야구, 축구, 골프, 기타 등등 온갖 스포츠를 중계한다. 스포츠 중계 아나운서 특유의 목소리 톤이 들리면 나도 모르게 짜증이 확 올라왔다. 나에게 스포츠 중계는 소음 공해였다. 견디다 못해 여기저기 남들 부부 사는 모습을 수소문하고 염탐하면서 해결책을 모색하였다. 쇼핑, 장보기처럼 구태여 같이할 필요가 없는 일은 가급적 혼자 다니기. 안방 TV에 유선방송 설치하여 남편 스포츠시청 보장해 주기.

남편의 오래된 생활 패턴은 대화로 해결되는 것이 아니었다. 얘기하면 할수록 이해받지 못한 그는 감정이 격앙되고 섭섭해했다. 이성적으로 풀 수 없는 감정의 문제였다. 각자 오랜 시간 몸에 밴 습성이고 취미니 바꿀 수 없다는 것을 받아들였다.

해결책은 서로 배려하고 존중하여 문제를 풀어나가는 것이다. 그렇다면 가장 중요한 것은 논리정연한 말이 아니라 느껴질 수 있는 서로에 대한 애정이다.

잠자기 전 샤워하고 침대에 들어갔다.

"우리 키스라도 하고 자자. 너무한 거 아냐?"

자존심이고 뭐고 용기를 냈다.

잠든 듯 조용하던 남편이 내 쪽으로 돌아눕더니 그 큰 입을 겨우 병치 입만큼 조그맣게 벌려 키스한다.

"뭐야? 인심 좀 써봐."

우린 간만에 달달해졌다.

후끈해졌다가 남편이 주춤한다.

"내일 출장 다녀와서 해 줄게."

"그래 키스만 하자고! 누가 뭐래?"

그런데 어찌하랴, 그가 멈출 수 없는 것을. 이제야 결혼할 때 엄마가 당부했던 말의 깊은 속뜻을 이해할 듯하다. 그깟 자존심이 뭐 대수냐. 우리 결혼 전선 이상 없음 확인이면 되는 거지. 백 마디 천 마디 말보다 감정 소모를 하지 않고도 달콤한 키스 한방이면 해결되는걸. 아무래도 나는 그의 육체를 사랑하는 것 같다.

불현듯 얼마 전 그의 말이 떠오른다. 도대체 나는 당신에게 무슨 의미야? 섹스파트너? 일꾼? 몽롱했던 감정은 일순 사라지고 눈앞의 현실이 직시 된다. 행복한 결혼생활을 위하여 무엇 하나 확실한 정답은 없다는 생각이 든다. 그와의 사소한 불협화음이 어느 정도 해소되는 데 족히 서너 달은 걸렸다. 누구 한쪽 잘못이 아니라는 시각을 갖는 데 시간이 필요했다.

그동안 서로에게 쌓인 애정 잔고가 넉넉했기 망정이지 하마터면 우리 부부의 결혼생활은 파국으로 치달았을 수도 있었다. 결혼은 로맨틱한 연애가 끝나고 또 다른 형태의 사랑이 시작되는 것이다.

이 새로운 사랑을 오랫동안 행복하게 지속하려면 앞으로도 많은 사랑의 기술이 필요하리라.

그날 밤

밧줄로 된 난간이 흔들거려 양손으로 꽉 움켜잡았다. 마치 스위스의 험준한 산맥을 연상시켰다. 가파르고 삐걱거리는 나무 계단을 한 발짝씩 밟으며 2층으로 올라섰다. 카페 '알핀로제' 창가에 자리 잡은 남녀는 운명인지 스쳐 지나갈 바람인지 알 수 없지만 상기된 표정이었다. 여자는 대학 4학년생이었고 남자는 새내기 직장인이었다. 친구 소개로 만나 저녁 식사 후 카페로 자리를 옮긴 그들의 대화는 처음치고는 제법 진지하게 이어졌다. 환절기 감기로 여자의 목소리가 착 가라앉아 있었다. 덕분에 조용하면서 나직이 들려 요조숙녀가 되어 있었다. 남자를 만나면 양념처럼 약간의 내숭이 필요하다고 들었다. 잔꾀를 부려 여시가 될 재주가 없는 여자에게는 다행이었다.

대화의 주제는 남녀 사이에 사랑이 아닌 진정한 우정이 가능한가에 머물러 점점 열기가 더해졌다. 우정이란 동성이든 이성이든 서로에게 호감이 있어야 가능한 관계인데 이성 간의 호감이 과연 우정에서 멈출 수 있을 것인가. 알 수 없는 일이다. 그들은 가치관의 동질성을 확인하며 서로 호감을 가졌다.

그녀의 첫 연애가 시작되었다. 만난 지 얼마 되지 않아 추석 연휴가 있었고 연속된 10월의 기념일들은 그들의 데이트에 불을 붙였다. 대개의 연인처럼 영화관을 들락거리고 동물원에서 사자랑 호랑이도 구경하며 연애의 단계를 밟아갔다. 남자는 늦은 밤 집에 바래다준다는 핑곗거리로 어두운 골목길을 오가며 슬며시 손을 잡고 팔짱을 끼게 했다.

먼 거리 연애가 감질났던 그녀는 대학을 졸업하고 고향에서 직장을 구할 생각도 하지 않고 무작정 남자가 있는 서울로 올라와 버렸다. 추운 겨울에 낯선 서울 생활이 시작되었지만 춥지도 낯설지도 않았다. 데이트하는 재미에 푹 빠져 사회생활이 힘들기는커녕 쉽게 적응하였다. 서로에 대한 감정이 점점 무르익던 어느 날이었다. 그는 회사에서 1박 2일로 워크숍을 가는데 파트너와 동행해야 한다면서 함께 가자고 하였다. 굳이 거절하는 것도 이상하고 그의 직장생활도 궁금하여 승낙하였다.

토요일 오후 퇴근 시간이 늦어져 그녀는 다급히 고속버스터미널에 도착하였다. 그런데 그는 일행도 없이 혼자였다. 다들 떠났냐며 어떻게 된 일인지 의아해하니 빙그레 웃는다. 단둘이 여행 가자고 하면 가지 않을 것 같아서 거짓말했다며 지금이라도 내키지 않으면 돌아가자고 하였다. 한순간 망설였다. 그를 믿고 싶었다. 익히 읽어 본 소설책에서 남자는 진정으로 사랑하는 여자를 끝까지 아끼고 지켜준다고 했다. 어쩌면 이 여행이 그를 제대로 알 수 있는 절호의 기회 일수도 있겠다 싶었다. 그녀는 대담하게 이왕 터미널까지 왔으니 함께 가겠다고 하였다.

차창 밖으로 잔설이 하얗게 남아 있던 3월의 강릉행 고속버스에 나란히 앉아 미지의 시간 속으로 떠났다. 버스

안은 점점 어둠이 짙어가고 굳어있던 그는 가만히 그녀의 손을 잡았다. 차가운 공기의 버스 속에서 한 치의 틈도 없이 꽉 쥔 두 손은 뜨거워지며 땀이 고였다. 그들은 시간의 블랙홀에 빠진 연인이었다.

강릉의 바닷가 외진 곳에 덩그러니 있던 숙소는 밤이 깊어서인지 출입구 외에는 불빛 하나 보이지 않았다. 뒤쪽으로는 울창한 대나무 숲이 캄캄하게 에워싸고 있었다. 달콤했던 열기는 이미 사라지고 순간 그녀는 후회가 일면서 겁이 났다. 내색하지 않고 태연히 그를 따라 들어갔다.

방안에 둘만이 남겨지자 어색한 분위기를 털어 낼 수가 없었다. 그는 자연스럽게 행동하고 농담도 던졌지만 오히려 더욱 조심스러워졌다. 이미 엎질러진 물이라 돌이킬 수도 없고 남자와 한 방에서 밤을 지새워야 할 모양이었다. 밤바다의 철썩대는 파도 소리와 대나무 숲을 뒤흔드는 바람 소리까지 들려 따로 잘 수도 없는 노릇이었다.

이부자리를 펴고 누워 뒤척이다 깜박 잠이 든 것 같았다. 비몽사몽 간에 그의 숨소리가 들리더니 조심스러운 손길이 느껴졌다. 긴장하여 잠이 확 깼다. 사랑하는 여자를 지척에 두고 잠이 들 수 없는 것은 당연한 일이었다.

혈기 왕성한 남자의 수컷 본능은 그를 재우지 못했다. 여자 또한 여태 간직했던 소중한 것을 지켜야 한다는 절박함이 있었다. 남자에 대한 자신의 마음을 확신할 시간이 필요했다. 아직은 아니었다. 씩씩거리는 그를 가라앉혀야 했다.

그날 밤, 대숲이 우거지고 바람이 휘잉 불던 그곳에서는 밤새 사자 한 마리의 포효 소리가 들리는 듯했다. 새벽녘에야 겨우 바다와 대나무 숲은 평온해졌다. 커튼 틈새로 방안에 끼어든 아침 햇살은 단잠에 빠져든 그의 얼굴을 어루만졌다.

응답하라 내 청춘

요즘 가요 차트는 텔레비전 드라마 OST(Original Sound track)가 대세다.

그중에서 드라마 '응답하라 1988'에 삽입된 곡 '청춘'은 1981년 산울림의 '김창완'이 부른 원곡을 가수 '김필'이 리메이크해서 부른 곡이다. 뒷부분의 가사 일부만 '김창완'이 피처링했다. 섹시하고 감미로운 목소리의 김필이 부르는 '청춘'이 원곡보다 더 인기를 끌만큼 세상의 기호는 많이 달라졌다. 암울했던 80년대 청춘에 어울렸던 김창완의 시니컬하고 담담한 목소리는 세월의 무게만큼이나 군불처럼 따사로운 소리가 덧입혀졌다. 여전히 꾸미지 않은 듯 자연스러운 그의 노래는 급변하는 세상에서 오히려 독특하고 기대감이 없는 것이 반전의 매력이다.

가요 '청춘'은 원래 먼저 곡을 만들어 가사를 쓰지 못하고 있었다. 그런데 돌잔치 갔다가 돌상 받는 아기를 보고 가사가 떠올라서 이 노래가 탄생 되었다고 한다. 아기가 태어나서 첫 번째 생일을 축하하고 앞날이 번영하기를 바라는 자리에서 세월의 속절없는 스러짐을 노래하는 가사를 썼다니 참 아이러니하다.

'청춘' 가사 일부분이다. 자꾸만 따라 부르고 읊조리게 된다. 중독성이 있다.

언젠가 가겠지 푸르른 이 청춘 지고 또 피는 꽃잎처럼
달 밝은 밤이면 창가에 흐르는 내 젊은 연가가 구슬퍼
가고 없는 날들을 잡으려 잡으려 빈 손짓에 슬퍼지고
차라리 보내야지 돌아서야지 그렇게 세월은 가는 거야
날 두고 간님은 용서하겠지만 날 버리고 가는 세월이야

80년대 스물의 나는 세월 따라 오십을 훌쩍 넘어섰다. 그 세월만큼이나 알맞게 곰삭아졌을 아픈 내 청춘은 다

어디로 갔을까. 가만가만 되돌아본다. 과연 내 청춘은 언제였을까? 아파야 청춘이라는데 그렇다면 내 청춘은 속칭 20대가 아니었던 것 같다.

나이가 아니라 아픈 걸로 치자면 20대 이후에 혹독한 늦깎이 청춘을 보내지 않았을까 한다. 나의 내면은 흔들리고 아파해야 할 20대보다 정작 30대부터 근 10년간 골골거리며 아팠다. 별다른 고민 없이 20대에 선택했던 안정적인 직업에 내 몸을 꿰맞추느라 많이 힘들었다.

알맞지 않은 옷을 입고 버텨내느라 마음도 아프고 몸도 상했다. 어쩌면 십자가를 진 듯 벗어버리고 싶었던 인고의 시간을 보냈다. 세월이 약이라고 40대에 이르러서야 기꺼이 받아들이려는 마음이 비집고 들어서면서 한결 수월해졌다.

그 늦은 청춘의 고통을 겪고 나니 무심하게도 중년이 되어 있었다. 아직 낯설기만 한 중년의 정의가 무엇인지는 정확히 모르겠다. 하지만 누가 봐도 나는 중년이다. 나이는 숫자에 불과한 생물학적인 의미일 뿐이라며 별것 아닌 것처럼 받아들이려 해도 허허롭기는 매한가지다.

중년들의 유행하는 건배사로 '청바지'가 있다. '청춘은 바로 지금'의 줄임말이다. 술 한 잔 거나하게 취하지 않고서야 '청바지'라는 건배사는 오히려 씁쓸하다. 아니 굳이 그런 건배사를 할 필요도 없고 외치고 싶지도 않다.

나는 안다. 인정하고 싶지 않은 허세일 뿐 누가 뭐라고 해도 나의 청춘은 지나가 버렸다는 것을. 육체는 말할 것도 없이 늙은 징후가 여기저기 여실히 드러난다. 탱탱한 청춘까지는 바라지 않더라도 쳐지고 주름진 외모는 어쩔 수 없이 나를 슬프게 한다.

한때는 누구 못지않았던 총명한 두뇌와 기억력도 내세울 것이 없게 되었다. 퇴락한 청춘의 증거를 일일이 나열할 필요는 없을 것이다. 나와 청춘을 함께 했던 한 친구는 영화를 봐도 별 재미가 없어 다른 사람들이 웃는 장면에 같이 웃지 못하고 슬픈 장면에서도 눈물이 잘 나오지 않는다고 한다.

자신이 육체뿐만 아니라 감성까지도 메말라 버린 것 같다며 자조 섞인 한숨을 내쉰다. 내 마음속의 그 친구는 여전히 재기발랄한 청춘인데 서글프게도 현실은 그렇지 않은 것을 일깨운다.

이십 대의 딸들을 보면서 나의 이십 대를 돌아보게 된다. 딸들은 내가 스물에 꿈꿀만한 것을 원하기만 하면 누릴 수 있다. 여행, 운동, 다양한 여가활동 등 그들의 선택이 있을 뿐이다. 그들의 진정한 자유의지가 부럽다. 딸들을 통한 대리 만족만으로 내 욕구를 채우기에는 성에 차지 않는다.

요즘의 청춘과 다르게 우리 세대는 대부분 나처럼 별볼일 없이 살았다고 자위해 버리기에도 안타까운 마음이다. 사라지고 없는 청춘의 자리가 나를 채근한다. 다양한 스토리가 없이 무미건조했던 내 청춘에 열정을 불어 넣어 주기를 원한다. 아픈 청춘이 지나간 자리를 치켜세우고 어루만지며 그 흔적에 새 살을 돋게 하고 싶다.

육체는 어쩌지 못해도 정신은 여전히 청춘이고 싶다. 느려터진 두뇌 속도와 쉽게 지치고 기운 빠지는 육체일지언정 인생의 기쁨을 누리기에는 부족함이 없다는 생각이 든다. 인생은 속도전이 아니기 때문이다.

중년의 나이이기에 여유 있는 시간과 더불어 볼 수 있는 것이 많아지고 배울 수 있고 누릴 수 있는 것들이 많을 것이다. 더 이상 가버린 청춘을 잡으려 슬퍼하고 애태우지 않으리라.

인생의 반환점을 돌아선 나에게 박수갈채를 보낸다. 그리고 중년의 나를 응원하고 사랑하는데 전력 질주하련다.

러브레터

그가 가버린 일요일 저녁 거실 풍경은 조용하다 못해 쓸쓸하다.

그가 좋아하는 자동차 광고도 야구 게임 중계 소리도 토해내지 못하는 거실의 TV 화면은 캄캄하다. 심지어 늘 소파에 함께 앉아 TV를 보던 테디 베어 인형인 텔미 조차도 생기가 없다. 그렇다고 그가 영영 가버린 것은 아니다. 그는 다음 주 금요일 밤이면 어김없이 거실로 돌아와 아침에 출근해서 퇴근한 사람처럼 조용한 거실 풍경에 활기를 불어넣으며 자연스럽게 녹아들 것이다.

그는 25년 전 나와 결혼한 사람이다. 우리는 지금 7년 차 주말 부부이다. 이제는 익숙해질 법도 한데 나는 그렇지 못하다. 그는 금요일이면 돌아와 다음 월요일 새벽이면 자신의 직장이 있는 곳으로 셔틀버스를 타고 돌아간다.

월요일 아침 눈을 뜨면 그는 가고 없다. 내가 깰까 봐 이른 새벽 조용히 떠나간 그의 빈자리에 우울해진다. 새벽 출근을 하다보면 종일 멍하고 피곤하다는 소리를 가끔 했지만 모른척 했다. 신혼부부인 젊은 직원도 일요일에 내려간다고 넌지시 말하기까지 했다.

게다가 일요일에 출발하는 버스는 집에서 먼 곳과 가까운 곳 두 대이고 월요일 새벽에는 버스가 집에서 먼 거리에서 한 대만 출발한다고 했다. 많은 직원들이 일요일에 내려가서 그런 모양이었다.

나는 평소와 다르게 눈치코치 없는 여자인 것처럼 그저 모르쇠로 일관했다. 못 들은 체하는 나의 마음을 이미 간파한 남편은 하룻밤이라도 내 옆에 있으려고 7년 동안 월요일 새벽차로 내려갔다. 그랬던 남편이 드디어 나에게 통고를 하였다. 다음 주부터는 일요일 저녁 8시 버스로 가겠다고 지나가는 말처럼 가벼운 어조로 얘기했다.

남편은 내 기분을 상하지 않게 하려고 얘기할 타이밍을 찾느라 심사숙고했을 것이다. 날씨는 점점 추워지는데 새벽 5시에 일어나서 버스를 타고 가는 것이 나도 은근히 신경이 쓰이던 참이었다. 차라리 잘됐다 싶었다. 선심 쓰듯이 그렇게 하라고 해줬다.

그럼 일정을 일찍 끝내고 저녁밥을 먹고 출발해야 하니 일요일이 분주하겠다고 얘기했다. 하지만 쿨한 척 말은 했어도 내 속마음은 꽁했는지 각자 자기 생활공간에서 잘 살자고 하며 이러다 우리 '무늬만 부부'가 되는 것은 아니냐고 심통 맞은 소리까지 했다.

가끔 친구들에게 주말 부부라서 허전하고 힘들다고 토로하면 친구들은 삼 대에 걸쳐 복을 지어야 50대에 주말 부부 하는 거라며 결혼 25주년 은혼식까지 지낸 부부 사이에 별일이라고 얘기한다. 내 말에 동조는커녕 편하고 자유롭게 지내니 무슨 복이 그리 많으냐고 오히려 부러워하는 친구들도 있다.

보통은 주말 부부가 주말에 남편이 돌아오면 아내의 활동에 지장이 생기고 하나부터 열까지 남편을 위해 봉사해야 하니 아내들은 남편이 매주 오는 것을 싫어한다고까지 얘기한다. 우리 집과는 거리가 먼 얘기다.

남편은 주중에 함께하지 못한 것에 대한 미안함 때문인지 아니면 가장으로서의 책임감 때문인지 주말에 돌아오면 나를 비롯하여 두 딸과 집 안 구석구석 그의 손길이 미치지 않는 곳이 없다. 오죽하면 언제부터인지 그를 살림박사 살 박사라고 부르기도 했다. 그는 살 박사라고 놀리면 싫어하기는커녕 매우 흐뭇해하는 것 같았다.

처음부터 남편이 집안일을 잘했던 것은 아니다. 나 또한 남편에 대해 기다림이나 애정의 농도가 지금처럼 이렇게 진하지는 않았다. 사랑도 변한다고 어느 광고에서 말했던가.

그에 대해 늘 뭔가 부족하다고 느꼈던, 가득 채워지지 않았던 부분들이 기실은 나의 뾰족한 부분을 받아들이기 위한 예정된 넉넉한 공간이었다는 자각이 어느 날, 섬광처럼 다가왔다.

이제는 남편의 헐렁한 모습들과 가벼운 유머와 철부지처럼 낙천적인 모습이 천만다행이지 싶다. 자칫 빡빡해지기 쉬운 삶에 깊숙이 스며든 윤활유이기 때문이다. 내 남편은 수박 겉핥기식 지식으로 잘난 체하는 나를 응원해주고 칭찬해주며, 온갖 호기심으로 천방지축인 나를 탐구형이라고 치켜세워준다.

그 폐해로 나는 자칭 자랑질 잘하는 잘 나가는 여자가 되어버렸다. 그는 나에게 알맞은 사람이다. 아니 대단한 내 남자가 되어버렸다. 닭살 부부가 되어도 할 수 없는 일이다. 내 눈의 콩깍지이다.

나는 오늘도 남편을 애인 삼아 밀고 당기며 연애질을 한다. 무늬만 부부가 아니라 죽고 못 살 것 같아 언제나 함께 있고 싶은 애인으로 남고 싶어서 의도된 긴장감의 고삐를 늦추지 않는다. 사랑도 give and take라고 생각한다.

25년 동안 가족에 대해 한결같고 꾸준한 그의 사랑과 정성에 우리 집은 늘 그를 기다린다. 그가 곁에 있으나 없으나 그의 자리는 항상 곁에 커다랗게 존재한다.

행복이란
_Present

행복은 어제도 내일도 아닌 현재(Present) 바로 지금, 이 순간에 존재한다.

서재를 정리하다 새내기 대학생이었을 때 감명 깊게 읽었던 '레오 버스카글리아'의 "인간이기 때문에(Because I'm Human)"라는 책을 발견하였다.

잊고 지냈던 친구를 만난 것처럼 오래 묵은 책 향기가 반가웠다. 많이 알려진 이야기지만, 요즘 내게 새삼스럽게 다가와 그 책에 실린 불교 설화 한 토막을 소개하고 싶다.

늙은 수도승이 굶주린 곰을 만나 도망치다 낭떠러지로 떨어졌는데 운 좋게도 절벽 틈새로 늘어져 있는 나뭇가지를 겨우 붙잡고 매달려 있었다. 하지만 아래에는 사나운 호랑이가 으르렁거리고 위로는 들쥐가 나뭇가지를 갉아 먹고 있었다. 이 아슬아슬한 상황에 어디선가 꿀이 한 방울씩 똑똑 떨어지고 있었다. 수도승은 입가에 떨어지는 꿀을 핥아먹으며 공포와 두려움을 잊고 그 달콤함을 즐겼다.

바로 이 순간이 행복인 것이다. 우리 인생도 이런 모습이 아닐까. 사방에서 달려드는 고난과 고통, 위협이 도사리고 있지만, 순간순간 달콤한 꿀을 맛보는 것처럼 행복을 느끼며 살 수 있다.

내 몸에 예기치 않은 불청객이 등장했다. 최근 허리 디스크 판정을 받았다. MRI 영상의 척추 모습은 확실히 정상이 아니었다. 디스크 파열에 척추측만증도 있었다. 보면서도 믿기지 않았다. 얼마나 걸을 수 있냐는 의사의 냉정한 물음에 기가 막혔다. 수술을 권유했다. 아직은 그 정도는 아닌데 걷지 못할까 봐 두려웠다.

모든 일상생활이 통증으로 힘들어졌다. 심지어 식사도 서서 할 정도였다. 이렇게 심해질 때까지 방치한 나 자신이 원망스러웠다. 밤새 혹시나 좋아졌을까 하는 기대감에 자고 일어나서 첫발을 조심스레 내딛는 순간 극심한 통증에 희망은 여지없이 무너져 내렸다.

'아! 현실이구나.' 받아들일 수밖에 없었다. 우선 통증을 줄일 수 있도록 약물치료와 함께 견인치료와 물리치료를 받았다. 수술은 여러 사람의 의견이 분분하여 최후의 선택지로 남겨 놓았다.

디스크 환자에게 좋은 운동으로 다들 빨리 걷기를 추천해 주었다. 집 근처에 호수가 있어서 산책을 자주 하게 되었다. 걷는 시간도 1시간 정도 소요되니 내 체력에 적당했다. 좋아하는 자연 속에서 남편과 함께 걸으며 그동안 밀린 얘기를 많이 나누게 되었다. 잠시 통증도 잊은 채 행복한 감정이 밀려들었다.

난 자연의 모습들이 정말 사랑스럽다. 호수 주변의 초심초, 과꽃, 맨드라미, 국화 제각각인 돌들의 모양까지도 자연은 똑같은 게 하나도 없다. 벌레 먹어 구멍 뚫리고 해바라기 빛깔처럼 노랗게 물든 낙엽들. 땅에 떨어져 발에 밟혀 바스락거리는 소리조차도 좋다.

넘어가는 가을 햇살 속의 노오란 국화 향기와 흔들리는 호수의 잔물결도 왜 그리 아름다운지 모르겠다. 이렇게 아름다운 자연과 사랑하는 사람이 내 곁에 있어 몸이 아파도 행복할 수 있다.

내게 평생 친구로 지내야 할지도 모르는 불청객이 있지만 그렇다고 항상 불행한 건 아닐 것이다. 일상생활 속에서 제약이야 많이 받겠지만, 그렇기에 할 수 있는 것과 느낄 수 있는 것에 더 감사하고 더 깊이 공감할 수 있을 것이다. 불청객은 고통과 함께 이 가을을 특별히 아름답게 볼 수 있는 시간적인 여유와 마음을 주었다. 무엇보다 지금까지 생각만 하고 지나쳤던 글쓰기를 할 수 있는 계기가 되었다.

신혼여행

결혼사진 속 신랑의 두 눈은 토끼 눈처럼 빨갛다. 지금이야 아이들과 아빠 눈이 빨갛다고 깔깔거리며 웃지만, 결혼식 당일 신랑 눈이 붉게 핏발이 서 있으니 얼마나 민망했겠는가.

게다가 예행연습도 없는 결혼식이라 신랑은 신부에게 한 번만 하는 맞절을 더 깊숙이 숙이라는 주례 선생님 말씀에 세 번씩이나 절을 하였다. 그 바람에 하객들이 박장대소하였다. 신부 화장을 하고 순백색 웨딩드레스를 입은 신부 모습에 엄마는 우리 딸 하늘에서 내려온 천사 같다며 활짝 웃으셨다.

일찍 결혼하다 보니 친한 친구뿐 아니라 처녀들 호기심에 많은 친구들이 찾아와 축하해 주었다. 결혼식은 사랑의 축가와 현악 사중주의 선율과 더불어 함박웃음 꽃이 핀 축제의 장이었다.

결혼식을 마치고 곧바로 비행기를 타고 서울로 올라왔다. 그날 저녁 서울대병원으로 향했다. 결혼식 다음 날 남편의 눈 수술 일정이 잡혀 있었다. 병원에 도착하여 곧바로 입원 수속을 마치고 병실을 배정받았다.

그때 나는 꿈꾸는 듯 현실감 없이 남편을 따라 다닐 뿐이었다. 어쩌면 걱정도 되고 겁도 나서 형언할 수 없는 복잡한 심경이었을 것이다. 남편은 멀쩡한 상태로 결혼 첫날밤을 병실에서 보내려니 마음이 영 내키지 않는 모양이었다.

수술은 오후에 할 테니 신혼집에 가서 자고 내일 아침 일찍 병원에 와도 괜찮을 것 같다며 환자복을 벗었다. 어린 신부 얼굴에는 그제야 빙긋이 웃음이 돌았다. 우리는 집으로 돌아와 무사히 결혼식의 중대 거사인 첫 단추를 잘 끼웠다.

그날 밤 남편이 병원에서 내린 별것 아닌 결단력이 결

혼생활의 중요한 결정의 순간마다 그를 믿고 따르게 한 힘이 아니었나 싶다. 남편은 결혼식 한 달을 앞두고 카메라 사진을 찍다가 한쪽 눈의 이상을 발견하였다. 직장 근처 병원의 안과의사는 검진 후 망막박리인 것 같다며 빨리 큰 병원으로 가보라고 하였다.

그 당시 망막박리는 주변에 흔하지 않은 병명이었다. 서울대병원에 저명한 의사가 있다고 하여 서둘러 진료를 받았다. 망막박리가 된 지 시간이 꽤 지난 상태라 레이저로는 안 되고 하루빨리 수술해야 한다고 하였다.

결혼식은 예정대로 치르고 한시가 급했던 터라 바로 다음 날로 수술 날짜를 잡았다. 참, 신랑의 빨간 토끼 눈은 안과 검진차 병원에 들락거리다가 유행하던 눈병에 전염된 것이었다.

신혼여행 사진이 한 장도 없다. 결혼식을 하고 갓 태어난 한 쌍의 부부가 으레 떠나는 신혼여행을 가지 못했으니 사진이 없는 것은 당연지사다. 신혼여행을 못 간 것에 대해 아쉬움은 두고두고 남아 있다.

여행도 여행이지만 남는 건 사진뿐이라고 하지 않던가.

지금은 필수가 되어 버린 웨딩 촬영 화보를 만들던 시절도 아니니 신혼여행 사진이야말로 내겐 되돌릴 수 없는 추억에 관한 안타까움이다.

나의 사진 사랑은 대단하다. 사진 찍는 것도 보는 것도 무척 즐겨한다. 아마도 삶의 순간순간을 잘 포착하여 여과 없이 보여주는 사진만의 매력 때문일 것이다. 오죽하면 아이들 사진보다 내 사진이 더 많을까.

신혼여행 사진이 없다는 것은 마음 한편의 결핍같다. 최근 중년 부부들 사이에 리마인드 웨딩이 유행이라는 소리가 들렸다. 오호라, 거창한 리마인드 웨딩까지는 아니더라도 야외에서 사진 촬영 정도는 괜찮을 것 같았다. 지성이면 감천이라고 그 기회는 곧 찾아왔다.

둘째 대학입시가 끝나고 나니 온 가족이 홀가분하게 여행을 떠나게 되었다. 더불어 결혼 25주년 은혼식 기념 여행이니 그곳에서 가족사진 촬영 겸 늦어버린 신혼여행 사진까지 찍으면 그야말로 금상첨화일 듯하였다.

우리 가족은 신혼여행지로 핫한 하와이로 5박 7일 일정의 여행을 떠났다. 결혼식 후 가지 못한 신혼여행을 부부의 결실인 두 딸과 함께 가게 된 것이다. 나는 한껏 들떴다.

여행 전에 예약한 하와이 현지 사진작가와 만나 가족사진 촬영 중에 남편이 나에게 꽃을 바치며 로맨틱한 프러포즈를 하는 장면도 찍고 싶다고 부탁하였다. 바닷가에서 남편이 한쪽 무릎을 꿇고 정중히 꽃을 건네는 순간 첫 프러포즈 받는 기분이 되어 나도 모르게 눈물이 핑 돌았다. 흰 구름 떠다니는 푸른 하늘과 춤추는 파도 그리고 따사로운 햇살 아래 내 생애 잊지 못할 감동적인 사진이 탄생하였다.

드디어 25년 결혼생활의 숙원 사업이 완성되어 도착하였다. 상자를 풀자 그 이름도 멋진 르 씨엘 하와이 로고가 박힌 부직포 가방이 나왔다. 새하얀 부직포에 싸인 물건을 보는 순간 흥분하여 가슴이 두근거렸다. 그것은 바로 우리 부부의 리마인드 웨딩촬영 사진으로 이루어진 화보앨범이었다.

앨범 속에는 사랑의 결실, 행복, 결혼생활의 모든 것이 살아 숨 쉬고 있다. 이제 신혼여행 사진에 대한 아쉬움은 저 멀리 사라졌다.

요즘 나는 그 멋진 앨범을 여기저기 자랑하고 싶어 입이 자꾸만 근질거린다.

첫사랑 결혼

첫사랑이 결혼한다.

오랫동안 전화 연락처에 첫사랑으로 남아있었다.

어머나 이를 어째, 다들 안타까워하며 위로하려고 할까? 나는 첫사랑이라고 부를만한 변변한 연애를 해본 적이 없다. 그런데 어떻게 된 일이냐고. 못 이룬 첫사랑을 기대했다면 김이 빠지겠지만, 나에게 첫사랑은 첫아기이다. 누구나 첫아기에 대한 감정의 경험은 나와 비슷하리라.

결혼 후 임신한 줄도 몰랐던 초기 입덧이 시작되었을 무렵 이유 없이 유산되었다. 그리고 그해 가을 다시 임신하였다. 또 유산될까 두려워 안정기에 접어들 때까지 조심하여 다음 해 3.4 킬로그램의 건강한 아기가 태어났다. 여자애치고는 몸무게가 제법 나가 우리 모두 흐뭇해했다. 아기가 태어나서 백일쯤 되자 날마다 반응이 달라졌다. 까르르 웃는 아기 웃음소리에 반해 일부러 보들보들한 아기 발바닥을 간지럼 태우고 또 태웠다. 청량한 아기웃음소리는 잊을 수 없다.

초등학교 입학 무렵 침대를 사서 놓을 자리를 정하는데 왼쪽으로 벽이 가게 놔 달라고 했다. 별생각 없이 원하는 대로 해줬다. 그 이유는 몰랐다. 나중에 커서 우연히 듣게 된 스토리가 있다.

직장에서 밤늦게 돌아오는 엄마를 기다리다 잠이 들었다고. 늘 왼쪽의 장롱에 붙어서 잤다고 했다. 그 후 왼쪽에 뭔가 있어야 마음이 편안하여 잠이 잘 온다고 했다. 무슨 동요에 나오는 섬마을 아기도 아니고 그 어린것이 표현은 못 하고 얼마나 외로웠을까. 마음이 아프고 쓰렸다.

'엄마 대신 장롱에 기대서 잠들었다니 미안하다 아가야.' 함께 살던 할머니는 항상 세 살 아래의 동생 차지였으니 언니 노릇 하느라 떼도 못 써 보고 자란 것 같아 더욱 마음이 아렸다. 엄마는 그냥 말썽 없이 잘 자라는 딸을 순하고 기특하게 여겼다. 무심했다.

그때 엄마는 퇴근하면 피곤하여 자기 바빴다. 아이들과 같이 놀고 사랑할 시간이 절대적으로 부족했다. 그래서인지 휴일이면 다 큰아기는 엄마 옆에 종일 붙어 지냈다.

딸은 대학 다닐 때 연애를 하는지 안 하는지 전혀 알 수 없었다. 어릴 때 엄마랑 미주알고주알 수다를 떨지 못해 커서도 털어놓지 못하나 싶었다.

심지어 둘째 연애 얘기는 헤어진 후에 친구 엄마를 통해서 들었다. 너무 속상했다. 아이들과 많은 시간을 함께 하지 못한 일하는 엄마 탓 같았다. 아니면 부모가 유독 자식 연애에 관심이 많아 걱정부터 앞서니 함구해 버렸는지도 모를 일이다.

어느 날 아빠가 둘째 운전 연수를 시키려고 큰딸이 몰던 자동차 문을 열었다. 그런데 누가 봐도 범상치 않은 물선들이 뒷좌석에 있었나. 남사한테 받은 물건이 틀림없어 보이는 꽃바구니와 커다란 인형이었다. 난리가 났다. 우리 집안에 일생일대의 사건이 터진 것이다. 남편은 흥분한 목소리로 둘째를 채근하였다.

"넌 언니 누구 만나는지 알고 있지?"

둘째는 한사코 모른다며 언니에게 물어보라는 말만 하고 제방으로 쏙 들어가 문을 딸깍 소리 나게 닫아 버렸다. 답답하지만 어쩔 수 없었다. 평소 10시는 넘어야 들어오던 딸이 동생 연락을 받았는지 그날은 8시도 안 되어 득달같이 나타났다.

알고 보니 몇 번 만나던 남자아이가 정식으로 사귀자며 꽃과 인형을 선물한 것이었다. 딸은 계속 만나기로 대답하고 선물들을 몰래 차 안에 놔두고 데이트 나간 참이었다. 처음부터 들켜 버렸으니 딸의 얼굴은 난감한 표정이었다.

딸바보 아빠는 딸 기분 상할까 조심하면서도 물어볼 건 죄다 물어봤다. 이 세상에 딸 남자 친구를 흔쾌히 받아들일 아빠가 과연 몇이나 될까. 일단 첫 번째 관문은 통과한 것 같았다.

6월 19일은 나의 첫아기가 태어난 날이다. 딸은 28세 생일이라고 그동안 못 받은 선물까지 합쳐서 한꺼번에

28개의 선물을 받아왔다. 1번부터 28번까지 선물 지도가 그려져 있었다. 그중에는 딸이 좋아하는 책, 해리포터의 마법사 지팡이도 직구하여 들어있었다.

정성이 대단하였다. 참 로맨틱한 남자애구나 싶었다. 두 아이의 알콩달콩한 사랑놀이를 보며 나도 같이 행복했다. 그 후 3년 가까이 만나고 우리에게 정식으로 소개하였다. 딸은 프러포즈 반지를 받아왔다.

언제 이런 날이 올까 내심 기대하고 설렜는데 막상 내 기분은 오묘했다. 우리 귀하디귀한 보물을 다른 사람에게 보내는 것 같은 상실감에 왈칵 눈물이 쏟아졌다. 처음 겪는 딸 결혼에 어쩔 줄 몰라 하는 우리와 달리 딸은 1년 프로젝트를 하는 것처럼 결혼식 날을 잡고 치밀하게 계획하여 결혼 준비를 하고 있다. 햇빛과 초록이 눈부시게 어우러진 5월 하루 둘은 영화의 주인공이 되어 스튜디오 웨딩 촬영도 하였다.

부모에게 첫 자식은 뭐든지 처음이라 부모 노릇도 어설프고 부족하였다. 되돌아보면 젊은 부모는 어떻게든 자식에게 도움을 주고자 모든 일에 너무 깊숙이 관여하는 실수를 저질렀던 것 같다. 그저 지켜보기만 했어도 충분한 일들이 많았을 텐데 부모 잣대로 노심초사하여 더 클 수 있는 아이들의 그릇을 키우지 못했나 싶은 후회가 들기도 한다.

"희경아! 넌 첫애라서 더 힘들었을 거야. 네가 자랄 때 우리가 그렇게 다그치지 않고 편하게 키웠더라도 결과는 비슷하지 않았을까."

"아니야 엄마. 지금 결과가 좋잖아."

내 귀에는 딸애의 그 말이 칭찬으로 들려 마음이 한결 가벼워진다.

"우린 너의 아이에게는 욕심 없이 그저 이뻐하고 사랑만 할 거야."

"엄마 아빠가 그럴 리가 없을걸. 애한테 좋다는 건 우리보다 먼저 알고 신경 쓰겠지."

깔깔깔 언제 올지 알 수 없는 아기를 생각하며 우리는 함께 웃어댔다.

친구에게 가는 길

1. 가을을 선물하고 싶다

예기치 않게 암 환자가 된 친구가 있다. 3주마다 하게 되는 항암치료는 8차까지 6개월이 소요된다고 한다. 친구의 항암치료에 1차부터 순번을 정하여 두 명의 친구가 병원에 동행한다.

친구는 결혼하지 않아 가까운 가족이 없다. 다들 바쁘겠지만 그나마 시간 여유가 있는 고마운 친구들이다. 친구들은 병원에 치료받으러 가기 전 점심부터 치료가 끝나고 저녁 식사까지 건강식으로 준비해서 종일 함께 한다.

가끔은 저녁에 다른 친구들도 합류하여 마치 번개 모임처럼 왁자지껄 흥겨운 시간을 보낸다. 얼마 전에 끝난 TV 드라마 '디어 마이 프렌즈'를 보는 것 같다. 눈물겹다.

오늘은 4차 항암치료를 씩씩하게 마친 친구 얼굴을 보러 가는 중이다. 힘든 치료하는 친구와 저녁 시간이라도 함께 하면서 즐거움을 나누려고 한다. 내가 그 애의 치료에 무엇을 해 줄 수 있을까. 다만 할 수 있는 만큼의 정성과 사랑을 줄 수 있을 뿐이다. 먹을 것을 만들어 주고 싶어도 여의치 않아 내 입에 맛있는 흑임자 인절미와 제주 감귤 과줄을 들고 간다. 거기에 내가 좋아하는 꽃을 곁들이고 싶다.

그 애에게 가을을 선물하고 싶다.

꽃집 앞에 늘어놓은 가을 소국이 한가득 풍성하다. 노란색, 갈색, 흰색 등 형형색색 소국이 눈앞에 펼쳐졌다. 가을 분위기가 물씬 난다.

유리창에 '소국 한 단 오천 원에 분위기를 바꿔보세요.' 하고 내걸었다. 주말에 내린 비로 제법 쌀쌀해진 날씨에 닫아 놓았다며 꽃집 주인이 얼른 문을 열고 나를 반긴다. 덩달아 내 얼굴도 활짝 핀다. 연보라색 한 단과 흰 무늬가 있는 보라색 소국 한 단을 섞어서 묶어 달라고 했다.

“어쩜 이렇게 예쁘죠? 만 원의 가격 치고는 너무 행복한 것 아네요?”

“손님 마음이 소녀 같고 고우시네요!”

블랙 에코백에 소중하게 데려간 보랏빛 소국 다발을 친구에게 안겼다. 꽃을 받고 어린애처럼 좋아하는 친구의 모습에 내가 더 기뻤다. 친구는 잘 먹고 잘 자고 규칙적으로 운동까지 하니 건강해져 암 환자 같지 않다고 너스레를 떤다.

머리를 밀어서 득도한 스님 같아 보인다는 말에 가슴이 찡하면서 친구가 참 예쁘다. 친구가 아픈 것도 잊을 만큼 우리는 밤이 늦도록 수다를 떨었다. 꽃값 만원의 가치가 대단한 하루였다.

‘친구야 고마워! 너에게 꽃을 선물할 기회를 줘서.’

2. 캐러멜 하나

이어폰을 귀에 꽂는다. 카카오 뮤직을 켠다. 첫 음악으로 장재인의 '환청'이 흐른다.

한 소절을 듣는데 금세 눈가가 촉촉이 젖는다. 이건 슬퍼서가 아니다. 우리들의 삶이 아름다워서이다. 친구들의 우정이 겁나게 감동으로 가슴을 울린다. 음악이 바뀌어 흐른다. 이승철의 '사랑하나 봐'가 들린다. 내 감정선은 음악을 따라 들쑥날쑥하며 금방 달달해진다. 이번에는 아이유의 '너의 의미'를 속으로 따라서 흥얼거려 본다.

'너의 그 한마디 말도 그 웃음도 나에겐 커다란 의미 너의 그 작은 미소도~'

노래 가사에 빠져 나의 감성이 출렁인다. 아차! 갈아탈 을지로3가역이다. 놓칠 뻔했다. 부리나케 내린다. 음악은 시간을 쏜살같이 지나가게 하는데 탁월한 재주가 있다. 지루할 틈이 없다.

친구에게 가는 일산행 지하철을 기다리며 서 있다. 그 앞 스크린에 장석주 시인의 '대추 한 알'이라는 시가 쓰여 있다.

저게 저절로 붉어질 리는 없다.
저 안에 태풍 몇 개
저 안에 천둥 몇 개
저 안에 벼락 몇 개
저 안에 번개 몇 개가 들어 있어서
붉게 익히는 것일 게다

저게 혼자서 둥글어질 리는 없다.
저 안에 무서리 내리는 몇 밤
저 안에 땡볕 두어 달
저 안에 초승달 몇 날이 들어서서
둥글게 만드는 것일 게다

유독 가슴에 와서 박히는 시 구절이다.

퇴근시간대가 겹쳐 지하철에 빈자리가 없다. 재수 좋으면 앞사람이 곧 내리셨지. 서너 자리 옆의 중년 남자가 일어선다. 얼른 그쪽으로 움직였다. 하지만 잽싸게 앉기에는 난 아직 지하철 문화에 익숙지 않다.

남자와 일행인 듯 여자가 눈짓으로 나를 불러 남자 자리에 앉힌다. 그리고 중년의 또 다른 여자에게 자기 자리에 앉으라고 끌어당긴다. 동병상련의 정일까? 그들의 자리에 둘을 앉혀주고 중년의 남녀는 내렸다. 옆자리에 앉게 된 여자는 말을 걸며 캐러멜 한 개를 내민다. 커피 액이 들어 있어서 흐를지 모르니 주의하라며 물티슈를 건넨다.

여전히 한쪽 귀는 음악으로 가득 차 있어 내가 겪는 이 일들이 현실감이 없다. 더 이상 음악을 들을 수 없다. 지하철 친구와 말동무를 해야 한다. 예전 같으면 귀찮았을 텐데. 이럴 때는 나이 들어 아줌마가 된 것이 참 다행스럽다. 중년의 아줌마는 처음 만난 사람과도 별 낯가림 없이 어느덧 친구가 된다. 커피 한 잔같은 캐러멜이 감사하다.

시집 한 권을 챙겨 친구에게 가는 길은 오늘도 따뜻하다.

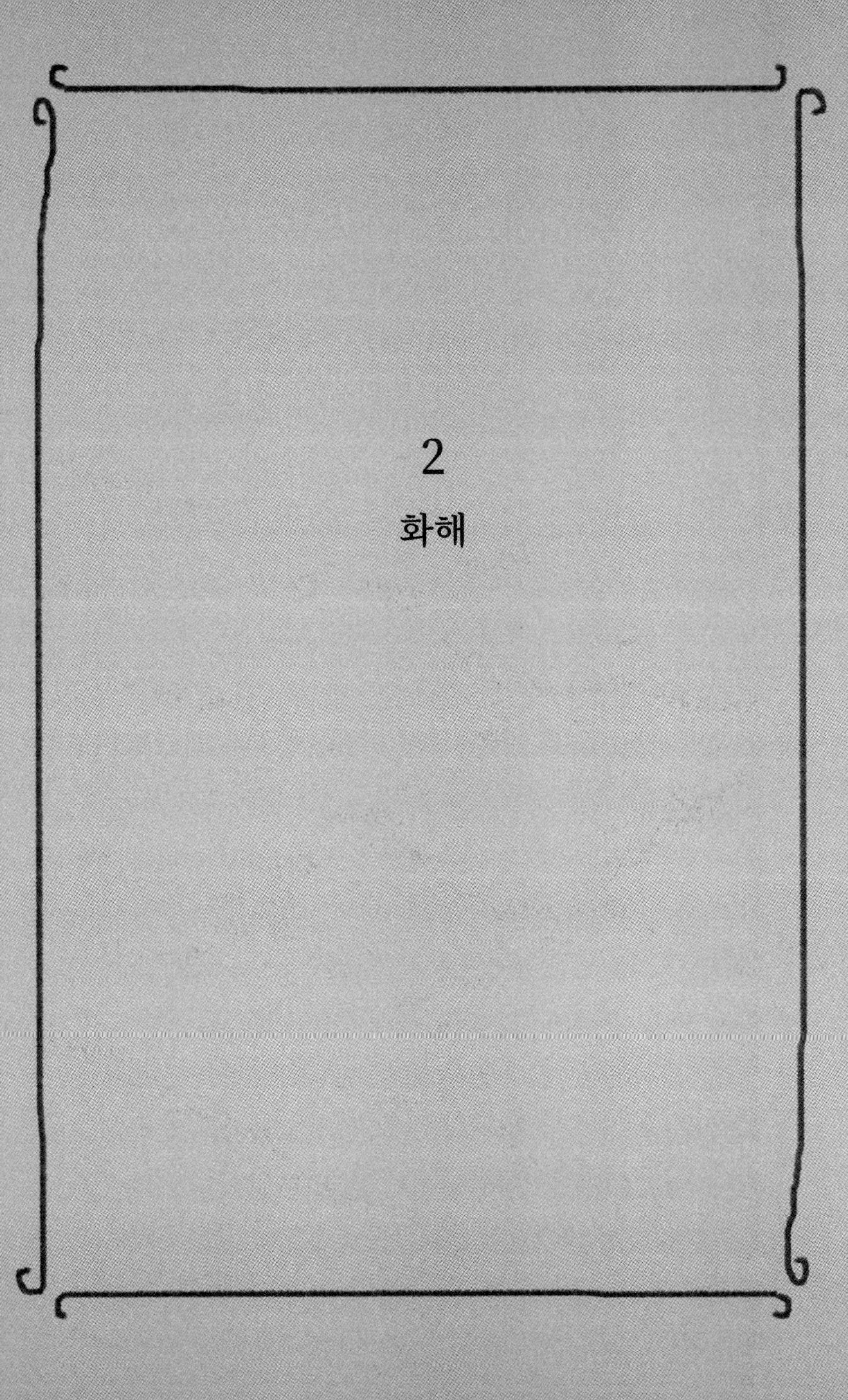

2

화해

볼 수 없는 봄

문희경 (8세, 1998년)

개나리 진달래

봄이 왔어도

내 눈은 그 봄을 볼 수가 없소

아무리 봄은 볼 수 없어도

마음은 볼 수가 있소

(메모 : 어린 딸이 앞을 못 보는 부모에게 효도하는 신문 기사를 읽고 썼다.)

꿈꾸는 자의 고백

누구나 평온한 일상을 깨뜨리며 꿈을 좇아 탈출을 꿈꾼다. 그중의 누군가는 간혹 날갯짓에 성공하여 날아오르기도 한다.

내게 그때는 언제가 될까? 어떤 계기로 찾아올까? 어쩌면 나는 호시탐탐 탈출의 기회를 엿보며 평온을 가장한 채 살고 있을지도 모른다.

스물다섯에 결혼하여 혼자만의 자유로운 시간을 충분히 즐기지 못했다. 취미활동, 문화생활은 물론 친구들과 변변한 여행 한 번 가보지 못했다. 뭐가 그리 좋았던지 늘 함께 있을 수 있다는 생각만으로 그냥 웨딩마치를 울려버렸다. 에구, 철딱서니 없는 것!

결혼 후 출산과 육아 거기에 약국 일까지 해내느라 바쁜 나날이었다. 가족의 도움을 받으며 모든 것은 순조롭고 걱정할 거리가 없는 듯했다. 말 그대로 가정과 약국에서 온실 속의 잘 가꾼 화초처럼 늘 예쁘고 소박하게 피어 있었다. 나는 태생적으로 호기심이 많은 탐구형이라 배우는 것을 좋아하였다.

전공 관련 강의를 듣고 영양학, 한약 등을 공부하여 환자들에게 도움을 주고 약사로써 보람을 느끼며 나름대로 약국에 대한 흥미를 잃지 않으려 노력했다. 하지만 약사 고유 업무 외에 많은 책임을 요구하고 경영자로서 할 일이 많은 약국은 나를 지치게 했다. 어떻게든 약국을 벗어나서 지친 심신을 달래야 할 필요가 있었다.

서예도 배우고 형형색색에 매료되어 유화도 그려 보았지만 지속해서 할 수가 없었다. 그도 그럴 것이 가정과 약국을 병행하며 나를 위한 충분한 시간을 내기란 정말이지 쉽지가 않았다. 잠깐씩이나마 콧바람을 쐬며 다른 세상을 곁눈질하는 것으로 만족할 수밖에 없는 약국의 일상은 지루했다. 박차고 나가기에는 현실은 너무 안정적이고 견고했다.

나는 문과 성향이다. 어릴 적에 어머니가 자주 아프다 보니 어린 마음에 도움이 되고 싶어서 약사의 길을 선택하게 되었다. 그 후로 약국 생활을 하는 중에도 문과 분야에 관심이 많았는데 특히나 '상담 심리학'에 대하여 기회가 되면 공부해 보고 싶었다.

큰딸이 대학에 들어가고 나니 마음의 여유가 생겨 밀쳐놓았던 상담 심리학 공부에 대해 알아보았다. 우연히 듣게 된 상담 심리학 강의는 잠자던 열망에 불을 지폈다. 상담심리 전문 대학원에 입학하기 위해 준비 모임을 통해 본격적으로 시작했다. 주말에는 상담심리학과 심리학 수업을 들었다.

수업내용은 평소 즐겨 읽고 관심을 가졌던 인간 심리에 대한 이론과 이해, 분석과 같은 흥미진진한 내용이었다. 그 후 몇 달 동안 입학 준비 공부 중에 건강이 악화되어 포기하려던 순간도 있었지만 2011년 후기 상담심리 대학원에 무사히 합격하였다.

대학원은 일주일 중 수요일과 목요일에 집중적으로 수업을 듣도록 시간표를 짰다.

입학하기 전 주변에서 듣던 것과는 다르게 직장과 학교생활을 병행하기에는 벅찼다. 일반 학부생처럼 출석 체크도 엄격하고 발표 수업이 잦았다. 수업은 이틀이지만 수업 준비 시간이 오래 걸려서 약국 일에 지장을 초래할까 염려되었다. 수업이 기다려지기보다 점점 부담으로 다가왔다.

대학원이라 해도 기초 전공 수업 위주이고 너무 이론적이라 실제 현장에서 일하는 내게는 흥미가 떨어지고 도움이 되지 않는 듯했다. 또 나의 장밋빛 청사진이 성급했구나! 싶었다.

설상가상으로 약국 근무 약사가 집안에 우환이 생겨 후임도 구하지 못하고 그만두었다. 참 난감한 상황이었다. 그 후 한 달은 내 삶에서 최악의 스트레스 상태였다. 겨우 아르바이트 약사를 구해놓고 부랴부랴 수업을 다녀와야 했다. 두 마리 토끼 쫓다가 집토끼 한 마리조차 지키지 못할 것 같은 불안감이 엄습했다.

누구를, 무엇을 위한 공부인가? 내 몸과 마음이 평온하고 행복해야 다른 사람도 돌아볼 여유가 생기지 않겠는가? 결국은 상담심리 대학원에 자퇴서를 제출하였다.

다시 평온한 나의 일상인 약국으로 돌아왔다.

세상 속으로 두루 나가 보고서야 약사가 내 천직이었다는 것을 깨닫고 돌아왔다.

이십여 년의 약사로서의 내 삶이 거저 주어졌던 것만은 아닌 것 같다. 이십여 년 약국 생활 속에 내 인생과 영혼이 녹아 있었던 것이다.

약국에서 환자 앞에 약사로 마주 섰을 때 비로소 나는 당당해지고 빛나게 날갯짓할 수 있다는 것을 알았다.

라스베가스를 떠나며

라스베가스에 대한 동경은 그때부터 시작되었다. 1996년 니콜라스 케이지 주연의 영화 '라스베가스를 떠나며'를 본 적이 있다. 알코올 중독자와 창녀의 절절하고 비극적인 사랑에 한동안 빠져 지냈다. 영화 비디오를 구하여 소장하고 있을 정도였다. 진정한 사랑은 어떤 것일까. 하지만 영화의 배경 도시, 라스베가스는 먼 나라 얘기일 뿐 꿈이나 다름없었다.

그런데 얼마 전 서점에서 책 제목에 끌려 일본 작가의 실화소설 『스물아홉 생일, 1년 후 죽기로 결심했다』를 집어 들었다. 책방에 선 채로 몰입해서 읽어버렸다. 그녀의 자살을 1년 유예시킨 라스베가스는 어떤 도시일까. 그곳에 무엇이 있을까. 그래서 떠났다. 영화와 책 속의 도시 라스베가스가 현실이 되었다.

착륙 안내방송이 들린다. 그 어느 때보다 반갑다. 금요일 밤 9시에 출발하여 11시간 비행 후 도착이다. 드디어 라스베가스 베네시안 호텔에 체크인하였다. 이탈리아의 물의 도시 베네치아를 테마로 한 카지노 호텔이다. 호텔의 높고 커다란 천장은 진짜 하늘로 착각할 정도라 신기해서 계속 쳐다보았다.

호텔 중앙의 물길에서는 곤돌라를 운행하다니 호텔이 얼마나 크고 넓은지 그 규모가 놀랍다. 베네시안 호텔은 먹고 즐기고 구경하고 쇼핑할 곳 천지였다. 나는 베네시안 호텔에 반해 버렸다.

저녁 식사를 하러 네 정거장 버스를 타고 간 곳은 유명한 '장 조지 스테이크하우스'이다. 안심 등심 스테이크 연어구이 참치 타르트 토마토 샐러드 등 음식 맛은 최고였다. 사진사가 있어 즉석 가족사진까지 찍었다. 여행 첫날의 설렘과 긴장이 묻어나는 사진이었다. 여행지에서 사진 찍기는 늘 옳다. 망설일 필요가 없다.

호텔로 돌아오려는데 반대편으로 건너는 곳을 바로 옆에 두고도 안 보여 고생했다. 덕분에 라스베가스의 화려한 밤거리 구경을 많이 했다. 버스가 바로 와서 타려는데 맨 마지막에 타려던 희수의 버스권이 보이지 않는다. 모두 내려야 할 판이었다. 여행은 그런 것이다. 낯설고 서툴러서 신선한 것이다.

라스베가스 둘째 날 밤이다. 9시 반, 착 달라붙는 붉은 랩 스타일 원피스를 입고 벨라지오 호텔 태양의 서커스 '오쇼'를 관람했다. 물속에서 바닥이 올라오는 무대 장치가 대단했다. 쇼의 연결 장면마다 만담꾼이 나와 시선을 끌며 매끄럽게 진행하여 몰입도가 높았다. 배우들의 엄청난 연습량과 고생이 느껴진다. 눈물이 핑 돌며 감동을 준다. 삶은 누구에게나 멋진 것이다. 그들에게 아낌없는 박수를 보냈다.

감동의 '오쇼'를 보고 호텔을 내려오는 길옆에서 화려하고 멋진 분수 쇼가 막 시작되었다. 아름다운 분수 쇼에 환호하는데 벌써 자정이 가까워졌다. 급하게 해산물 요리점으로 저녁을 먹으러 갔다. 다행히 문 닫기 전이었다.

먼저 비닐로 된 앞가리개를 주는데 사용법을 몰라 두리번거리니 옆 테이블 외국 남자가 친절하게 가르쳐준다. 꽃게는 다 팔리고 한 마리 남아 있었다. 꽃게랑 새우를 양념에 요리하여 비닐에 담아 묶은 채로 내놓는다. 재미있다. 게 한 마리 크기가 우리 꽃게와 비교할 수 없을 만큼 커서 다행이다. 새우도 푸짐해서 허기와 함께 맛있게 먹었다.

셋째 날에는 아이들 취향에 맞춰 놀이기구를 타러 350m 높이의 스트라토스피어 전망대에 갔다. 사방이 확 트여 라스베가스 전경이 한눈에 내려다보인다. 희경은 무서운 놀이기구를 세 개나 탔다. 난 그중에 하나만 탔는데도 허리가 긴장되고 엉덩이가 아팠다. 오후에는 그 근처 다운타운 거리를 돌아다녔다. 기분 좀 내려고 길거리 칵테일을 조금 마셨더니 두통이 왔다. 버스를 기다려서 타고 호텔로 돌아왔다.

코스모폴리탄 호텔에서 하룻밤을 자고 1박 2일 그랜드 캐니언 투어가 예정되어 있었다. 새벽 5시에 투어 팀과 만나기로 해서 일찌감치 잠자리에 들었다. 소란스러워 새벽 2시쯤 잠이 깼다. 어젯밤 만달레이 베이 호텔에서 무차별

총기 난사가 있었다. 광장에서 락 페스티벌이 열려서 4만여 명이 모였는데 한 남자가 호텔 32층에서 자동소총을 발사하여 50여 명이 사망하고 200여 명 이상 다쳤다. 우리가 묵는 호텔에서 불과 2킬로 남짓 떨어진 곳이다.

그 중심에 우리가 있었다니 끔찍했다. 잠결에 앰뷸런스 소리를 들은 듯하다. 도로가 통제되고 비상상황이다. 투어 측에 알아보니 투어는 그대로 운행된다고 하였다. 새벽 4시에 체크아웃하고 밖으로 나왔다.

화려한 도시 라스베가스가 무서워졌다. 인적이 없는 어두운 길에 우리의 캐리어와 발걸음 소리가 요란하다. 어젯밤 사고로 경찰이 쫙 깔리고 도시가 괴괴하다.

약속한 장소에 도착하여 투어 미팅 시간이 되어도 버스 예약 확인이 안 된다. 투어 측도 경황이 없을 것이다. 다행히 5시부터 도로가 뚫려 버스는 한 시간 정도 늦게 도착했다. 길목마다 통제된 도로가 많아 버스는 라스베가스를 빠져나가는 게 쉽지 않았다.

그랜드캐니언은 죽기 전에 가봐야 할 곳 1위라 한다. 깊이가 1,500m나 되는 세계에서 가장 뛰어난 협곡이다. 명성답게 그랜드캐니언의 자연은 말할 수 없이 장엄하고 위대하였다. 까마득한 협곡을 내려다보며 가까이 다가가서 앉으라는데 너무 무서워서 죽는 줄 알았다.

다음 코스는 엔텔로프캐니언이었다. 직접 걸어서 캐니언 내부로 들어갈수록 눈앞에 보이는 예술적인 자연의 모습에 감탄이 절로 나온다. 햇빛의 차이에 따라 빛깔이 완전히 다르게 느껴지는 곳이다. 신비롭고 아름다운 풍광은 윈도 배경화면으로 유명하다.

개인적으로 캐니언 관광 중 제일 좋았다. 당일 여행이 아닌 1박 2일을 결정하면서 그랜드캐니언의 까만 밤하늘 쏟아질 듯한 은하수를 기대했었다. 그런데 숙소에 도착한 후 환상은 여지없이 깨졌다.

일정이 많이 늦어져 늦은 밤 숙소에 도착한 우리는 몹시 배가 고프고 지쳐 있었다. 한국인이 사는 단독주택인데 그 집 마당의 테이블에 와인과 음료가 세팅되어 있었다. 메뉴는 랍스터와 스테이크, 얼마나 근사하고 군침이 도는 이름인가.

기대는 거기까지였다. 랍스터와 스테이크는 차갑고 고무를 씹는 듯 질겼다. 추위에 떨면서 만찬을 즐길 수밖에 불평은 필요 없었다. 우리는 지쳤으니까. 우리 가족은 그나마 다른 곳으로 이동하지 않고 바로 화장실 옆의 한 방을 배정받은 것으로 위안 삼았다. 방에 들어갔는데 마당이 훤히 보이는 창에 커튼 한 자락이 부재였다. 참 난감한 상황이었다. 가방을 쌓아 올려서 가렸다. 그래도 우린 아침까지 단잠을 잤다.

라스베가스로 돌아와 코스모폴리탄 호텔에서 두 번째 밤을 보내고 아침을 맞았다. 휘황찬란했던 밤과는 다르게 호텔 18층에서 보이는 아침 전경이 평화롭다. '오쇼' 공연을 관람했던 벨라지오 호텔 분수 쇼가 펼쳐진 곳이 바로 보인다.

도박의 도시 라스베가스의 호텔에는 거대한 카지노 게임장이 있다. 모든 호텔은 출입구에서 반드시 카지노를 거쳐야 호텔 방으로 들어갈 수 있는 구조다. 처음에는 카지노가 낯설지만 오가는 길에 늘 보면서 아무나 즐기는 놀이터 같은 분위기에 금방 친숙해졌다.

게임 종류도 얼마나 다양하던지 흥미가 당길 수밖에 없다. 달랑 10달러를 가지고도 꽤 긴 시간 슬롯머신을 즐길 수 있다. 처음에는 몇 배씩 터져 점점 신나서 매일 게임을 하게 된다. 당연히 큰돈을 벌 수 있는 게임이 유혹을 하지만 나 같은 새 가슴은 엄두를 못 낸다.

이다음 라스베가스에 다시 온다면 그때는 100달러로 판돈을 키워 잭팟을 노려볼 참이다. 혹시 알겠는가. 돈벼락 맞을지. 아니면 탈탈 털려 돌아올 수 없을는지도 모른다. 다음은 아무도 알 수 없다.

다만 오늘은 꿈같은 도시 라스베가스를 떠나 샌프란시스코행 비행기에 오를 것이다. 다음 여행지 샌프란시스코는 어떤 모습으로 우리를 기다리고 있을까?

더 프리스츠(The Priests)

오래간만에 그룹 '더 프리스츠'의 음악을 듣는다. 그들의 음악을 알게 된 건 정말 우연이었다. 그것은 나에게 커다란 행운이었다.

큰아이가 대학을 들어가던 해 가을이었다. 고등학생이었던 둘째의 학교가 가까운 아파트 단지로 이사를 하였다. 날씨는 곧 추워졌다. 마음을 녹여 줄 음악이 필요해졌다. 어느 날 좋아하는 가수 바비킴의 새 음반이 나왔다는 소식에 바로 앨범을 주문하였다. CD가 도착하여 개봉했더니 바비킴 CD와 함께 여러 광고물이 동봉되어 있었다.

그중에서 '더 프리스츠'라는 아일랜드 그룹의 3집 발매

광고가 시선을 끌었다. 그룹의 멤버가 특이하게 세 명의 아일랜드 신부들로 구성되어 있었다. 호기심을 자극하였다. 얼마나 반응이 좋았으면 신부님들이 대중적인 앨범을 3집까지 냈는지 자못 궁금했다. 아무래도 영화든 음악이든 맨 처음 작품이 제일 좋다는 생각에 우선 1집을 주문하였다. 너무 좋았다. 그들의 음성과 하모니는 아름답고 아름다워 사람의 심금을 울렸다.

곧이어 2집 3집을 주문하여 들었다. 그 감동을 표현할 길이 없었다. 12월 한 달 내내 그들의 음악에 빠져 출근길 자동차 안은 그야말로 감사와 기쁨의 공간이었다. 마음이 따뜻해지고 평화로워졌다. 어떤 날은 듣다가 나도 모르게 눈물이 흐르기까지 하였다.

내 감정은 지나칠 정도였다. 성탄절이 다가오면서 그동안 정처 없었던 신앙에 대해 생각이 미쳤다. 이젠 정착할 때가 됐다 싶기도 했다. 연말이 되면서 내 생각은 확고해졌다.

새해 첫날 아침이었다. 옆집의 초인종을 눌렀다. 딩동, 딩동. 딩동, 딩동. 아무도 없는지 조용하다. 마음이 급해 저녁에도 들여다봤지만, 불이 꺼져 있다. 다음 날도 인기척이 없다. 연휴라 여행이라도 갔나 보다. 옆집과 무슨 관계가 있을까 하겠지만, 거기에는 예기치 않은 일이 있었다.

지난가을 이사 한 뒤 아파트 통장이 전화를 하였다. 이것저것 탐색하며 세대 전체가 이사 온 것을 확인한 후 갑자기 옆집 아주머니가 **동성당 구역장이라고 말하고 전화를 끊었다. 참 뜬금없었다. '나와 무슨 상관이람.' 그때는 그랬었다. 사흘을 눈 빠지게 기다렸다가 옆집 아주머니를 만났다. 앞뒤 설명도 없이 다짜고짜 성당에 다니고 싶다고 말하였다. 놀라는 눈치지만 반가워하는 기색이 역력하다.

얘기를 들어보니 성당에 다니려면 새 신자 교육을 이수하고 세례를 받아야 하였다. 이미 교육을 시작한 지 3주나 지나서 이번에는 어려울 것 같았다. 하지만 구역장님 덕분인지 돌아오는 주일부터 나는 성당 교리교육에 바로 합류할 수 있었다.

신앙은 부부나 자식에게도 강요할 수 없는 영적인 부분이다. 고맙게도 남편과 두 딸까지 교육에 동참하였다. 교리 시간에 꾸벅꾸벅 졸고 있던 큰딸의 모습이 눈앞에 선연하게 떠올라 웃음이 나온다. 그때는 어찌나 민망한지 교육을 하시던 수녀님께 죄송하다고 했더니 졸면서도 들을 건 다 듣는다며 걱정하지 말라고 하셨다.

4월 부활절에 우리 가족 모두 세례를 받는 영광을 얻었다. '프란치스카'가 나의 세례명이다. 옆집 구역장님이 나의 대모가 되었다. 대학교 2학년이었던 딸은 그 후 외국에 교환학생으로 가게 되었다. 국교가 가톨릭인 아일랜드에 있는 더블린대학교로 결정되었다. 아일랜드는 그룹 '더 프리스츠' 신부님들의 나라이기도 하다. 우연치고는 신기하였다.

낯선 나라에 혼자 보낼 생각으로 걱정이 이만저만 아니었는데 근거 없는 안심이 되었다. 춥고 얼어붙은 그 겨울에 '더 프리스츠' 음악들은 내 마음을 녹여 영성을 키우고 종교를 찾게 하는 데 결정적인 역할을 하였다. 어떻게 그런 일이 일어났는지 알 수가 없다. 때에 맞춰 순전한 이끌림이었다고 밖에 달리 표현할 길이 없다.

화해

금빛으로 치장한 어느 호텔 로비에서 아버지를 만나 다정하게 눈빛을 나누며 걸어가고 있었다. 누가 보아도 사이좋은 부녀 사이 같았다. 아버지는 편안해 보였다. 나 또한 환한 낯빛으로 아버지와 함께 서서 엘리베이터를 타려고 기다렸다.

두 대의 엘리베이터 문이 동시에 열리면서 아버지와 나는 당연한 것처럼 서로 다른 엘리베이터를 탔다. 아버지와 왜 따로 가지? 그 순간 잠이 확 깼다. 꿈이었다. 아버지가 돌아가신 지 근 20년 만의 재회였다. 너무 짧은 만남이었다. 아버지에 대한 그리움을 달래기에는 턱없이 부족한 시간이었다.

아버지의 죽음은 어렴풋하다. 어쩌면 아픈 기억을 애써 돌이켜보고 싶지 않았을지도 모른다. 아버지는 뇌출혈로 쓰러지신 후 한 달여 의식이 없는 상태로 계시다 겨울에 돌아가셨다. 유달리 추운 겨울이었다. 갑작스러운 아버지의 죽음 앞에서 당연히 슬퍼하고 울었지만 현실감이 들지 않았다. 깊은 슬픔으로 느껴지지 않았다.

꾹꾹 눌러둔 슬픔을 들여다보기에 내 무의식은 아직 상처가 채 아물지 않은 어린애였다. 그렇다고 드러내 놓고 무작정 울기에도 몸집이 너무 커버린 나였다. 무엇보다 많은 할 말과 미련을 남기고 갑자기 가버린 아버지에 대한 야속한 마음과 원망이 커서 아버지의 죽음을 받아들이고 싶지 않았다.

아버지와 제대로 화해도 해보기 전에 떠나버린 것이다. 아버지의 관을 매장할 때 아버지와 친밀하게 지냈던 사람들이 이 친구가 삼봉을 그렇게나 좋아했는데 저승길에 심심찮게 화투 한몫 넣어 줘야 하는 것 아닌가? 하고 농담 반 진담 반으로 두런두런하였다.

옆에 있던 남편은 무슨 소린지 의아해하더니 '아하, 장인어른이 화투를 많이 즐겨 하셨구나.' 하면서 슬며시 입가에 미소를 내비쳤다. 남편 입에서 나오는 그 소리를 듣는 순간 쥐구멍에라도 숨고 싶은 심정이었다. 결혼하여 3년 남짓 된 부부 사이는 미운 것은 빼고 좋은 것만 보이고 싶을 때였다.

끝까지 숨기고 싶었던 아버지의 치부를 남편까지 알게 되었으니 부끄러웠다. 소싯적 아버지의 화투 노름은 나의 트라우마요, 노출하고 싶지 않은 아킬레스건이었다.

늘 책을 끼고 살았다. 학교 도서관의 책을 전부 읽어버릴 기세였다. 사춘기도 없이 웃자라서 어리광 한번 부리지 못했던 애어른이었다. 그때 책은 나의 이정표이며 옳고 그름의 분별력이었다. 책 세상 속에 살았던 나는 현실에서 어른들의 삶의 방식이나 행동에 대해 이해 못 할 일이 수두룩했다.

더군다나 내 아빠임에야 말할 필요도 없었다. 아빠는 생업은 제쳐두고 홀연히 사라져 버려서 수소문 끝에 찾으러 가면 노름판에서 돌아와 밀린 일들을 부랴부랴 처리하곤 하였다. 어느 날은 며칠씩 집에 들어오지 않아 온 가족의 애간장을 태우기도 하였다.

부모님 불화의 원인은 대부분 노름에 빠지면 현실을 잊어버리는 아빠 때문이었다. 책 속의 훌륭하신 부모님이 할 수 없는 일이었다. 어린 나는 속수무책이었다. 잘못하는 어른 아빠에게 내가 줄 수 있는 최대의 벌은 무관심한 척 냉랭하게 대하는 것이었다. 이렇게 아빠에 대한 나의 사랑을 깊숙이 꼭꼭 숨겨 버렸다. 대놓고 반항이라도 하면 야단치고 혼을 낼 텐데 아빠도 난감하셨던지 어린 자식을 어려워하셨다.

우리는 무엇이든 맨 처음이 신기하고 특별한 법이다. 직접 이름을 지을 만큼 첫딸인 나는 아버지에게 각별한 존재였을 것이다. 고향 읍내에서 중학교까지 다니고 이웃 큰 도시의 고등학교에 가겠다고 했을 때도 아버지는 당연히 보내야지 하셨다.

한 번도 허튼짓하지 않고 공부 열심히 하며 제 할 일 알아서 하는 기특한 딸이 마음먹고 내뱉은 말이니, 아무리 형편이 어렵더라도 하늘이 두 쪽이 나도 큰 도시로 보낼 수밖에 없었다.

고등학교부터 대학교 입학시험까지 내 인생의 중요한 시험 때마다 아버지는 늘 그림자처럼 내 뒤에 따라 다니셨다. 시험을 치르는 학교 정문으로 들어가는 것을 보고 낯선 도시 어디선가 서성이며 긴 시간을 보내시다 시험이 끝날 때쯤 맞춰서 딸을 기다렸다.

시험이 어려웠다며 맥 빠진 나를 달래려고 무척이나 애썼던 모습들을 그때는 왜 보지 못했을까? 시험을 잘못 친 것이 전부 아버지 탓인 양 재빠른 걸음으로 아버지를 따돌리고 총총히 걸어 나와 버렸던 쌀쌀맞은 내 모습.

그 뒤를 허리 디스크로 불편한 다리를 끌며 딸을 놓칠세라 부지런히 걸었던 아버지의 아픈, 야윈 한쪽 다리가 보였다. 너 왜 그렇게 쌀쌀맞게 구느냐는 당연한 말 한마디 못하고 딸에게 유독 마음 약한 아버지였다.

내가 아빠라고 부를 때 아버지는 신과 같은 완벽한 존재여야 했다. 신께서 해서는 안 될 일을 한다는 것은 책 세상이 전부였던 어린 나에게는 용납이 되지 않았다. 이제 어른이 된 나는 아빠를 아버지라 부른다. 아버지는 완전한 신이 아니라 그저 유혹에 빠지기 쉬운 나약한 한 인간일 뿐이었다.

아버지의 노름 버릇은 나를 덜 사랑해서도 가족에게 무책임해서도 아니었다. 가족을 그 누구보다 사랑했기에 더욱더 애처롭고 안타까운 아버지였다. 아버지가 너무 일찍 세상을 떠나버려 가슴속에 묻어둔 사랑의 말들을 나눌 수 없었던 긴 세월 동안 그리움만 쌓여갔다.

신기하게도 아버지는 머나먼 그곳에서 꿈속으로 딸을 찾아오셨다. 우리는 화해하고 말 것도 없이 이미 사랑하는 아버지와 딸이었다. 꿈일망정 또다시 아버지를 만난다면 아버지 팔에 대롱대롱 매달리며 못해본 어리광을 실컷 부릴 참이다.

봄의 위로를 보내다

봄날을 보려고 공원으로 산책을 나선다.

누가 기다려 주지 않아도 봄은 따뜻하고 정답게 온다.

연이틀 내린 비로 벌써 지기 시작한 하얀 목련과 흐드러진 벚꽃, 천변의 샛노란 개나리까지 나를 반긴다.

자전거를 타고 가던 아저씨도 길을 멈추고 빨간 튤립 꽃을 핸드폰에 담는다.

봄날을 누군가에게 보내려나 보다. 말로는 못 다한 마음을 전하려나 보다.

불현듯 엄마가 생각났다.

엄마에게도 빨간 튤립 꽃 같은 봄소식을 보내 줄 사람

이 있었으면 좋겠다.

우리 엄마는 나이 오십이 채 되기도 전에 남편을 멀리 떠나보냈다.

난 어렸으므로 엄마가 나이 많은 어른이라 괜찮을 거라 여겼다.

자식이 넷이나 있으니 외롭거나 쓸쓸하지 않으리라 여겼다.

아빠가 엄마 속을 어지간히 태웠으니까 금방 잊혀 질 거라고 생각해 엄마에게 무심했다.

내가 결혼하여 살아보니 남편을 잃고 엄마가 얼마나 많이 아프고 힘들었을까 짐작이 갔다.

언젠가 엄마에게 보약을 한재 달여서 보냈다. 엄마를 위로하고 싶었다.

짧은 편지와 함께 정호승의 시 '수선화에게'를 써서 부쳤다.

울지 마라

외로우니까 사람이다.

살아간다는 것은 외로움을 견디는 일이다

공연히 오지 않는 전화를 기다리지 마라

눈이 오면 눈길을 걸어가고

비가 오면 빗길을 걸어가라

갈대숲에서 가슴검은도요새도 너를 보고 있다

가끔은 하느님도 외로워서 눈물을 흘리신다

새들이 나뭇가지에 앉아 있는 것도 외로움 때문이고

네가 물가에 앉아 있는 것도 외로움 때문이다

산 그림자도 외로워서 하루에 한 번씩 마을로 내려온다.

종소리도 외로워서 울려 퍼진다.

눈 내리는 하루

별생각 없이 눈을 들어 거실 창을 바라보니 눈발이 날린다. 이렇게 변덕스러울 수가. 하늘도 나도 변덕스럽긴 마찬가지다.

어머, 눈이 오네. 언제부터야? 눈이 내리는 덕분에 개운치 않았던 기분이 순식간에 밝아진다. 눈이 펑펑 내려 금세 쌓이기 시작한다. 한참을 바라다보고 서 있다.

집 식구는 베란다에서 연신 무엇인가 정리 중이다. 선반에서 출처 없는 묵은 상자들을 내려놓는다. 상자째 몇 년씩 방치된 물건들이다. 다기 세트, 드라이기 박스, 락앤락 김치통, 테팔 스테인리스 냄비 등등 많기도 하다. 오랜 시간 상자 속에서 잊힌 것들이다. 답답한 상자를 미련 없이 벗겨 버렸다. 속 알맹이만 남겨 눈도장을 찍고서 잘 보이도록 선반에 다시 올려놓는다.

지난번 둘째 동생네가 중국여행 때 우롱차를 사 왔던 기억이 난다. 다기 세트는 동생네로 보내기로 작정한다. 갖다 준다면 알뜰한 동생은 참 요긴하게 쓸 것이다. 요즘은 자꾸만 잊어버려 그날이 언제일지 모르지만, 하여튼 그 애들 몫이다

눈이 내리는 휴일은 말할 수 없이 평온하다. 간간이 들리는 베란다 세탁기 돌아가는 소리도 평화롭다. 그저 아랫목에 앉아 군것질거리로 입맛을 다시며 만화책을 빌려 보거나 티브이 영화를 보았던 어린 시절을 떠올리게 한다. 눈은 소리 없이 내린다. 하지만 웬일인지 내 귀에는 사그락사그락 눈 내리는 소리가 들리는 것 같다.

눈은 그칠 기미가 보이지 않는다. 맘을 잡고 집안일 하기 딱 좋은 날이다. 이번엔 정리되지 못한 채로 차곡차곡 쌓아 놓은 지난 계절 옷 정리를 해야 할 것 같다.

철 지난 옷을 정리하면서 깊고 어두운 곳에 가라앉아

있는 생각의 찌꺼기들도 함께 털어 내고 싶은데 생각만큼 쉽지 않다.

겨울이면 추위가 무서워 주로 집에 칩거하며 온갖 생각에 골몰하게 된다. 요즘은 나에 대해 많이 생각한다. 그리고 나이 듦은 슬픔이라는 생각이 든다. 나는 어떤 사람일까. 과연 좋은 사람일까. 내가 말 한대로 일관성 있는 삶을 사는 걸까.

나이 들수록 나에 대해 정의하기가 힘들다. 옳고 그름의 확실한 잣대가 흔들리고 부끄러워진다. 이상과 현실의 괴리에서 오는 우울을 떨쳐버리기가 어렵다. 예전에는 겨울이 가고 봄이 올 때쯤이면 생각이 맑아지고 명쾌해졌는데 여전히 우울할 때가 많다.

사춘기도 없이 지나갔는데 벌써 갱년기 증후군이 시작된 걸까? 머릿속은 정리가 되지 않고 몸은 무겁고 자꾸만 나이 탓을 하게 된다. 어쩌면 나이가 문제가 아니라 나이를 핑계로 현실도피를 하고 있을지도 모른다.

나이가 들면 인내가 생겨 급할 것도 성낼 것도 없어져 나이 듦의 좋은 점이라고 말하는데 글쎄 그게 꼭 좋기만 할까. 급한 것은 뒤로 미루고 정말 성내고 화낼 것을 못 하는 변명이 아니길 바라본다.

자신은 로맨스 다른 사람은 불륜이라고 자기 합리화 또는 체념으로 편하게 사는 방법을 터득한 것만 같아 편치 않다. 무엇이 지혜인지 생각이 깊다.

아이들은 때맞춰 시내 호텔로 1박 2일 호캉스를 떠났다. 집에만 있으면 지루해서 장소 이동한다며 짐 싸 들고 휴일을 만끽하러 호텔로 갔다. 지하철로 채 한 시간도 안 되는 곳으로 떠난 것이다.

도대체 우리 세대는 이해할 수 없는 일이지만 그냥 그러려니 해야지 어쩌겠는가. 우리가 모든 것을 알 수는 없다. 이해할 수 없다고 그들을 막을 수는 없다. 막기는커녕 시대를 모르는 부모가 될 수도 있다.

나는 애들에게 세련된 부모가 되고 싶다. 아니 그런 척한다. 내가 지금 아이들 세대를 다 이해를 못 하더라도 시간이 지나면 저절로 알게 되는 것도 있다. 같이 가서 즐기지는 못하더라도 그들의 즐거움을 방해할 생각은 없다.

애들이 말하는 일상의 지루함은 나에게 평온함인데 그

것을 말로 다 설명해 줄 수는 없다. 설명한다 한들 애들이 제대로 알 수도 없다. 사실 나에게 지루한 것은 다른 사람에게는 편안하고 안락한 것도 많을 것이다. 누구나 각자 느끼는 정도에 따라 행복도 즐거움도 그들 나름의 종류가 다를 것이다.

가끔은 둘만의 집도 나름 호젓하고 좋다. 우리의 바캉스라고 해둘까. 이렇게 눈까지 내리니 애들이 없는 집안은 더욱 고요하다. 몇 년 후 늘 둘이 있게 될 테지만 벌써 노년을 연습해 보는 것 같다. 우리는 지금 노년을 향해가는 징검다리 시기다.

눈 내리는 하루를 종일 집안에서 보내려니 아쉽다. 눈 오는 날의 낭만을 위해 배우 현빈도 볼 겸 영화 '공조'를 예매했다. 영화를 보고 어두운 밤 눈길을 걷는 상상을 해본다. 뽀드득뽀드득 눈을 밟으며 우리만의 신파극 데이트를 즐기는 것도 과히 나쁘지 않을 것 같다.

음악 속의 남자들

내 인생에 깊숙이 들어왔던 남자들은 거의 없다. 당연히 과거 남자에 대해 할 얘기도 많지 않다. 긴 인생에서 못내 아쉬운 부분이다. 그렇지만 나를 스치고 빠져들게 했던 음악은 무수히 많다. 인생의 중요한 순간 터닝 포인트 때마다 음악이 함께 했다.

그렇다고 고상하고 우아한 클래식은 기대 말라. 잡다하여 깊이를 찾을 수 없는 나만의 음악이다. 호기심이 강하고 좋아하는 것은 많아도 제대로 잘 아는 지경까지 오르지 못하는 것은 내 능력의 한계다.

어떤 대상에 관심이 생기면 단시간에 몰입하여 즐길 만

큼 즐기고 어느 순간 식어버린다. 오랜 시간 깊게 한 곳을 파지 못한다. 나의 고질병이다. 그나마 이 세상에 갖가지 다양한 책들이 있어서 다행이다.

책은 쉴 새 없이 나를 자극하고 움직이게 하는 내용으로 가득 차 있어 끝까지 함께 갈 것 같다. 책 읽기에서 한 발 더 나가 꽤 오랫동안 붙잡고 있는 것이 글쓰기다. 태생이 집요하지 않아 글솜씨는 지지부진 맨날 그 타령이지만 포기하지 않고 애쓰는 것이 가상하다.

책과 더불어 변함없이 끼고 사는 것이 음악이다. 음악이야말로 시시각각 장르별로 새로운 곡들이 탄생한다. 다 들어볼 수도 알 수도 없는 세상이다. 싫증 날 새가 없다. 본격적으로 좋아했던 남자 말고 음악 이야기를 해보자. 우리 가요 중에서 가수 김수희의 '애모'가 먼저 떠 오른다. 통속적인 가요의 진수라 요즘도 가끔 노래방에서 부른다.

신혼 초 남편이 대학병원에서 눈 수술할 때 유행했던 노래다. 며칠 입원해 있었는데 어찌나 마음이 아프고 슬프던지 마지막 구절인 '당신은 나의 남자여'를 부를 때쯤이면 늘 눈물이 글썽여졌다.

'백만 송이 장미'도 한때 즐겨 불렀다. 백만 송이 백만 송이 장미라니 도대체 어느 정도일까. 내가 그 장미를 받는 상상만으로도 황홀해지는 기분이었다. 반복적인 리듬과 가사에 매력적인 가수의 목소리가 더해져 중독성이 있었다.

처음 노래방에서 불렀던 '참새와 허수아비'는 한동안 나의 십팔번이었다. 가사 중 '훠이훠이 가거라. 산 넘어 멀리멀리'를 부를 때면 올라가지 않는 고음에 목소리는 갈라지고 듣기 민망할지라도 나 혼자 취해서 끝까지 불러 젖혔다.

이쯤에서 난 한탄스럽다. 노래를 잘 부르지 못하면서 불행하게도 너무 좋아한다는 것이다. 포기할 수 없다. 까짓 노래 좀 못하면 어때.

스무 살에 중독처럼 들었던 노고지리의 '찻잔'을 다시 듣는다. 어릴 때의 순수했던 나를 만나는 기분이다. 마치 노래 속의 찻잔이 사람처럼 느껴진다. '너를 만지면 손끝이 따뜻해 온몸에 너의 열기가 퍼져 소리 없는 정이 내게로 흐른다.' 지금 들어봐도 얼마나 유혹적인 가사인지 모르겠다.

그러고 보면 내가 즐겨 부르는 노래는 대부분 남녀의 사랑 노래다. 사랑 노래의 주인공 남자들은 너무 멋지고 애절하다. 과거에 없던 남자를 내가 부르는 노래 속으로 불러내 숱하게 만난다. 설레고 아프며 때로는 음악과 함께 떠나보낸다.

비극적인 사랑과 로맨틱한 사랑까지 음악은 장르를 넘나들며 다양하다. 심지어 그 사랑은 유효기간도 없다. 언제 어디서든 시작하고 끝낼 수 있는 쿨한 사랑이다.

최근 운동을 시작하면서 자주 듣는 음악이 랩이나 힙합이다. 몸에 활기가 생기면서 음악 취향도 달라졌다. 비트가 강하고 날것 그대로 느껴지는 곡들이 많이 땅긴다. 내 뮤직룸에 우원재의 '시차'를 다운로드하여 반복해서 듣는다. 빠르고 역동적인 노랫말과 곡을 듣다 보면 내가 음악 속 아이돌이 된 기분이다.

혀가 굳어 따라 하기는 참 힘들지만, 그냥 막무가내로 주저리주저리 읊으면 웃기겠지만, 흥에 겨워 내 멋대로 부른다. 심지어 흠칫흠칫 춤까지 따라 한다. 댑! 소리치며

래퍼의 동작을 흉내 낸다. 재미있어 즐겨 했더니 얼추 모양새가 비슷해졌다.

신나서 한 번 더. 댑! 지금 음악 속의 내 남자들은 시간을 거부하며 영원히 늙지 않는다.

나는 대기 중이다

신년연휴에 부산으로 가족여행을 다녀왔다. 기차를 타고 움직여 운전에 대한 부담도 없이 모처럼 홀가분한 여행이었다. 한 나라 안에서도 기온 차가 커서 푸근한 부산의 정취가 이국적이었다. 따뜻한 날씨 덕에 가로수들이 저마다 꽃을 피워 겨울을 실감할 수가 없었다.

금요일에 떠났으니 연휴 이틀째인 토요일이다. 택시를 타고 유행가 가사에도 나오는 꽃피는 동백섬으로 가던 길이었다. 내 귀에 '우리 약국도 오늘 문 열었지?' 하는 소리가 들린다. 순간적으로 멍해졌다. 다른 세상에서 갑자기 현실로 돌아온 것이다. '그렇지!' 잊어버렸다. 우리 약국은 오늘도 영업 중인 것을.

시계를 보니 12시 15분이다. 처방 조제 업무는 곧 끝나겠다. 거리에는 웬 놈의 약국 간판이 그리도 많은지 잊어버릴만하면 약국으로 나를 되돌려 놓는다. 약국 밖으로 여기저기 쏘다니며 헤집고 다녀보아도 뒤통수에서는 약국이 늘 따라다닌다.

나의 직업은 약사이다. 직접 약국을 경영하고 있다. 내 모든 생활은 약국을 중심으로 움직인다. 1988년에 약사면허를 취득했으니 대략 30년이 되었다. 첫애 출산하고 20개월 외에는 한시도 약국을 벗어나 본 적이 없다. 이 긴 세월 동안 약국은 내 의식과 무의식, 할 것 없이 나 자체다. 약국이 문제없이 잘 돌아가면 내가 잘사는 것이다. 약국과 연관된 일 아니면 웬만한 것들에 나는 초연하다.

출퇴근 말고는 될 수 있으면 운전도 하지 않는다. 난 아파도 안 되고 교통사고가 나서 입원해서도 안 되는 사람이다. 약국 밖에서 행동반경도 최대한 줄이고 무리하지 않으며 늘 컨디션 조절에 힘쓴다.

약사로서 역할 수행을 위해서 항상 대기 상태로 있어야

하기 때문이다. 약국에 CCTV가 설치되어 있어서 연결된 핸드폰으로 관리를 할 수 있다. 하지만 나는 CCTV를 잘 확인하지 않는다. 보게 되면 마치 약국에 근무하는 것 같아 피로해진다.

나에게는 약국 밖에서 약국을 잊어버리고 사는 것이 내 행복의 최대 관건이다. 오픈 시간인 오전 9시부터 밤 8시까지 나는 대기 중이다. 밤 8시가 지나야 비로소 핸드폰도 던져버리고 자유로운 시간을 누릴 수 있다.

그동안 나를 불안으로 몰고 갔던 크고 작은 사건은 수없이 많다. 한 환자는 조제약은 맞는데 약 봉투가 바뀌어서 아무리 죄송하다고 사과를 해도 민원을 제기하였다.

털어서 먼지 안 나랴 싶었는지 있지도 않은 일까지 거론하며 협박을 하였다. 그 당시 상황이 CCTV에 녹화가 되어 있었기 망정이지 해결하느라 한동안 곤욕을 치렀다.

고령화 사회이다 보니 주로 연로한 어르신들이 의료기관을 많이 방문한다. 귀가 어두운 할머니께서 이름을 잘못 듣고 다른 사람 약을 가져가는 바람에 겨우 집을 알아내서 직접 수거해 온 일도 있었다.

병원에서 환자가 실수로 다른 사람의 처방전을 들고 올 때도 잘 파악하여 대처해야 한다. 약의 재고 수량이 부족하여 화를 내는 환자도 있고 약병이 비슷하다 보니 약의 용량을 잘못 볼 수도 있다. 환자 본인의 편의를 위해서 불법을 요구하는 환자를 설득하는 일은 매우 난감하다.

이런 일들이 대개는 내가 자리를 비우고 근무 약사와 직원들이 일하는 시간에 주로 일어난다. 이러니 약국에 없는 시간에도 촉각을 곤두세우기 마련이다.

오랜 기간의 약국 생활은 불안을 넘어 강박증으로 내몰았다. 심지어 꿈조차도 약국으로부터 자유로이 놔두질 않는다. 언젠가 한 번은 꿈에 건너편 약국에 문제가 생겨서 우왕좌왕하며 문을 닫는 것을 보면서 화들짝 놀라 잠에서 깬 적도 있다.

밖에서 보면 약국 업무는 매일 같은 일의 연속으로 단순하고 편해 보이기도 한다. 사실 조제 행위 자체는 단순 노동으로 비칠 수도 있다. 거기다 전자동 조제 기계까지 들여놓으니 업무강도는 상당히 개선되었다.

하지만 기계가 노동력은 덜어 줄지언정 약을 정확하게

지어 몇 번의 검수 과정을 거친 후 환자에게 투약하는 것은 약사의 몫이다. 컴퓨터에 각자의 조제 형태나 요구사항을 기록해 놓고 될 수 있으면 환자 개개인의 요구대로 하는데 어쩔 수 없는 예도 있다.

이럴 때일수록 부드럽게 응대하는 기술이 필요하므로 사전에 정기적인 직원교육 또한 중요하다. 사람의 일은 감정적이고 세세한 부분까지 관리해야 하므로 갈수록 까다롭고 어렵다.

이 세상에 실수하지 않는 사람은 없다고 쉽게 말한다. 하지만 내 직업은 실수가 용납이 안 된다. 꺼진 불도 다시 보자는 심정으로 약국 일들은 정확히 빈틈없이 해내야 한다. 많은 시행착오와 꾸준한 노력 끝에 나름대로 평온을 유지하고 있다.

안정된 시스템과 서로 상호 보완적인 직원들의 조합으로 더할 나위 없는 르네상스 시대를 맞았다. 내가 없어도 생명이 있는 한 유기체처럼 잘 굴러간다.

그럼에도 여전히 불안하다. 약국은 나의 근원인 동시에 불안의 시발점이다. 그 불안의 실체를 피하지 않고 정면으로 마주할 수 있을 때 불안은 사라질 것이다. 어쩌면 불안은 다분히 몽상가인 나를 이 현실에 굳건히 서 있게 하는 필요악이라는 생각이 잠시 스쳤다.

정서가 안 통해!

크리스마스트리를 장식하려다 주말이 시작되는 금요일 밤부터 김샜다. 익히 알고는 있었지만 매번 정서가 안 통해 화딱지가 난다. 크리스마스트리에 전혀 관심이 없더니만 남이 주문한 트리에 온갖 트집이다.

남편은 박스에서 트리를 꺼내 놓자마자 냄새가 많이 난다느니, 인체에 해로운 냄새라느니, 아주 대놓고 개무시다. 이왕 사려면 돈을 좀 들여서 고급스럽게 꾸밀 것이지 이런 조잡한 것으로 장식할 바에는 안 하는 게 낫지, 집안 분위기를 완전히 버리게 한단다.

'그래! 난 유치찬란한 걸 좋아한다. 첫! 원래 새 물건에서는 냄새가 좀 나는 게 정상이지. 그리고 누가 고급진거 몰라서 싼 것 샀나, 멋지고 우아한 건 작은 장식조차도 동그라미 한 개씩 뗀 가격이라면 모를까, 장난 아니게 비싸더구먼. 가격 고민 없이 크리스마스트리 기분만 낼 정도로 가볍게 사고 싶었다고!' 나는 마구 구시렁거렸다. 갑자기 설치도 하기 전에 트리가 꼴도 보기 싫어졌다.

애들이 자란 뒤로는 트리가 없었는데 둘째가 올해는 우리 집도 크리스마스트리가 있었으면 좋겠다고 했다. 덩달아 나도 이번 연말에는 뭔가 분위기 있고 설레는 기분을 즐기고 싶은 마음으로 겨울 동안 썰렁한 거실에 훈훈하게 크리스마스트리를 놔두고 싶었다.

형형색색의 예쁜 크리스마스트리와 함께라면 추운 겨울나기가 한결 수월할 것만 같았다. 그 사람은 트리에 대해 생각이 나와는 영 딴판인 사람이다. 어쩜 그리 현실적인지 트리를 산다고 했을 때 다 쓴 다음 정리해서 보관할 걱정부터 했다. 그깟 보관이 문제인가.

나에게 크리스마스트리의 상징성은 그 모형만으로도 어린아이처럼 마냥 들뜨고 파티 분위기가 연상되는데 말이다. 내 정서를 몰라도 한참 모른다. 나는 팩하여 '당신은 크리스마스트리를 왜 하려고 하는지 내 기분을 생각해 봤어? 당신은 크리스마스트리를 봐도 아무 느낌이 없지?' 하며 쏘아붙였다.

하지만 어쩌겠는가. 아무리 부부라도 시시콜콜한 취향까지 같아지도록 강요할 수는 없지 않은가. 결국은 트리를 설치하려면 남편 손이 필요할 텐데 아쉬운 건 나니까 언짢은 기분을 누르고 설치하기 시작했다. 남편과 애들까지 붙어서 트리 기둥을 세우고 붙어있는 가지를 풍성하게 펼쳐주었다.

빨간 리본과 둥근 장식을 걸고 앙증맞은 전구까지 S자 모양으로 위에서부터 아래로 돌려주고 나니 얼추 모양이 났다. 나도 장식이랑 선물상자 몇 개를 매달고 나니 조금은 기분이 나아졌다. 트리는 크리스마스 흥을 돋우기에는 전혀 무리가 없을 듯 꽤 괜찮아 보인다. 완성하고 보니 쌤통이 나서 맡지 못했던 화학물질 냄새가 조금 지독하다 싶을 정도로 났다.

트리 나뭇가지 잎을 초록색으로 염색하느라 사용한 염료 냄새 같다고 남편이 처음부터 했던 말이 그제야 생각났다. 나는 슬그머니 남편에게 트리를 베란다에 내놓자고 하였다. 남편은 기다렸다는 듯이 트리를 번쩍 들어내 놓았다. 난 알량한 자존심에 남편이 안 보는 사이 냄새가 빨리 빠지라고 베란다 창문을 열어 놓았다. 예전 같으면 내 기분에 맞추지 못하는 남편에게 몇 마디 더 했을 법한데 철이 들었는지 꾸욱 눌러 참고 잠자리에 들었다.

이럴 땐 잠이 보약이 아니라 망각의 세계로 데리고 가서, 잠자는 사이 씩씩거리는 나를 평온하게 되돌려놓는다. 역시나 휴일 아침 느지막이 잠에서 깨어나니 어제 기분은 온데간데없고 화창한 날씨만큼이나 기분도 쾌청하다.

'하하! 잠이 바로 천사다.' 이틀 동안 꼬박 베란다에 내쫓겼던 크리스마스트리는 휴일 마지막 밤에 거실로 다시 입성하였다. 빨주노초파남보 알록달록 꼬마전구는 여봐란듯이 반짝반짝 빛을 발하며 갖가지 캐럴을 쏟아 내고 있다.

흰 눈 사이로 썰매를 타고, 징글벨, 징글벨, 메리 크리스마스! 메리 크리스마스!

3

할머니의 눈빛

해바라기

문희경 (9세, 1999년)

해바라기는
태양을 기다리다
죽은 소년의
혼이 깃들어 있지

해만 좋아해서
해만 보아서
해바라기지
구름이 잔뜩
낀 날은
해님을 기다리며
키를 키워갔지

해바라기는
해를 보며
키를 키웠지만
우리들은
해바라기를 보며
키를 키운다

매력 자본 만들기

오랜 망설임 끝에 쌍꺼풀 수술을 감행하였다. 내 일생 중 가장 큰 사건이다.

살면서 늘 외모 콤플렉스에 시달렸다. 지금에서야 20대, 30대의 사진 속 나를 보면 순수하고 예뻐 보인다. 젊다는 것만으로도 아름답다는 것을 알게 되었다.

그나마 버티게 했던 젊음은 오래전에 사라지고 나는 많이 늙었다. 눈은 처지고 뺨과 턱은 늘어졌다. 점점 자신이 없어지고 우울하였다. 무서워서 하지 못했던 쌍꺼풀 수술이 해답일 것 같았다. 남편은 얼굴에 손대는 것을 심하게 반대하였다. 나조차도 쌍수를 했을 때 내 눈이 어떻게 바될까 걱정이 되고 겁도 났다. 용기가 필요했다.

누가 뭐라든지 내 얼굴 내 맘대로 하고 싶을 때가 왔다. 친구들과 주변 사람들이 소개한 강남과 압구정동 일대의 성형외과에서 상담을 받았다. 병원 두 곳에서는 먼저 눈썹 아래를 절개하여 쳐진 눈꺼풀을 올린 다음 두세 달 후에 쌍꺼풀 수술을 하자고 했다.

마지막으로 상담받은 성형외과 의사는 내 눈꺼풀을 꼼꼼히 만져 보며 처진 눈꺼풀을 땅기기만 하면 오히려 눈두덩이 더 꺼져서 나이 들어 보일 거라고 했다. 두 번 수술할 것이 아니라 바로 눈꺼풀을 절개해서 쌍꺼풀 수술을 하자고 했다. 설명을 들어보니 믿음이 갔다.

작정한 김에 아예 수술 날짜를 잡아버렸다. 담당 의사의 수술이 많이 밀려 3주나 기다리는 동안 수술을 해야 하나 말아야 하나 갈등하면서 속이 아주 들끓었다.

수술 전날까지도 마음이 요동쳤다. 남편 앞에서는 태연하려고 애를 썼다. 가뜩이나 수술을 말리고 싶은 사람인데 당장 취소하라고 할 게 뻔했다. 수술하기 전 남편에게 "당신 혹시 내 쌍꺼풀 수술 결과가 마음에 안 들더라도 절대 말하면 안 돼. 보기 싫어하면 나는 소심해서 못 살 거야 알았지?" 하고 입을 꽉 막아놨다.

수술은 오후 2시로 예정되어 있었다. 수술실에 들어가기 전에 의사는 나를 의자에 앉혀놓고 검정 펜으로 양쪽 눈꺼풀에 몇 군데 점을 찍어 디자인하였다. 미리 모양을 잡는 듯했다. 뭐라고 설명하는데 긴장되어 도통 알아들을 수가 없었다.

대기실에서 수술복으로 갈아입고 기다리고 있으니 가슴이 콩닥콩닥 마구 뛴다. '아! 드디어 쌍수를 하는구나.' 의사가 들어오기 전에 먼저 두 명의 간호사가 수술 준비를 하였다. 알코올로 침대를 소독한 후 그 위에 나를 똑바로 눕게 했다. 내 몸의 노출된 부위를 샅샅이 소독한 다음 목부터 다리까지 두꺼운 비닐로 덮었다. 긴장되어 온몸이 뻣뻣해졌다.

왼쪽 팔에 링거를 주입하고 똑딱똑딱 맥박 수를 재는 기계와 연결한 상태에서 수술이 시작되었다. 수술실 어디선가 음악이 흘렀다. 내가 즐겨 듣는 라디오 음악 프로였다. 다행히도 라디오 진행자의 익숙한 목소리를 들으며 점점 평정을 되찾았다.

의사가 아주 가는 바늘을 사용하여 눈꺼풀에 부분마취를 하였다. 여러 군데 주사를 놓는데 순간적으로 따끔거리며 아프다. 피부를 절개하는데도 피는 거의 흐르지 않아 수술이 깔끔한 대신 시간이 더 걸렸다.

수술 시간이 1시간이 넘자 처음의 긴장감은 없어지고 눈꺼풀을 절개하고 꿰매는 의사와 수다까지 떨 지경이었다. 마무리까지 2시간 정도 걸려 수술이 끝난 후 대기실로 이동하였다. 수술한 눈은 생각보다 아프지 않았다.

병원에서 알려준 대로 눈과 얼굴의 부기와 멍을 빨리 빼기 위해 냉찜질을 자주 하였다. 미리 배달시킨 호박즙도 먹어보았지만 입맛에 맞지 않았다. 누워 있으면 부기가 잘 빠지지 않아 할 일이 없는 대도 잠을 실컷 못 자는 것이 큰 곤욕이었다. 실밥을 뽑기까지 일주일이 가장 힘든 시기였다. 하루에 열두 번도 넘게 수시로 거울을 들여다보며 살았다.

차츰 부기가 빠지자 정말 내 눈은 많이 커졌다. 원래 쌍꺼풀이 있는 딸의 눈보다 더 커진 느낌이었다. 외출할 수 있게 되자 눈 화장을 하려고 골고루 화장품을 샀다. 베이스로 바를 연한 아이섀도, 진한 아이섀도 두 개에 속눈썹을 추켜올리는 도구까지 사들였다. 여기에 눈매를 돋보이는 화장술까지 배운다면 더할 나위 없겠다.

쌍수 후 3개월쯤 카톡 사진으로 나를 본 딸 친구가 '엄마가 예쁘시다'라고 하여 갑자기 예쁜 엄마가 되었다. 우연히 만난 큰애 직장 동료로부터는 어머님이 미인이라는 이야기를 들어서 내 귀를 의심하였다. 얼굴에서 쌍수 하나 한 것 치고는 대단한 결과였다.

몇 개월 만에 여고 모임에 나갔더니 너무 예뻐지고 분위기가 화려해졌다며 난리다. 쌍수 6개월 차 내 눈은 매우 자연스러워졌다. 최근에 만난 대학 친구에게 달라진 것 없냐고 물어보니 못 알아챘다. 쌍수해서 예뻐졌는데 몰라보냐고 했더니 그 친구 말이 걸작이다. '숙아 너 원래도 예뻤잖아' 이게 웬일인가. 그렇게나 듣고 싶었던 말을 이제야 듣다니. 그 말 한마디에 친구가 급속도로 좋아졌다. 칭찬은 뭐니 뭐니 해도 외모 칭찬이 제일 상급인 것 같다.

딸아이가 예전 사진 속 엄마의 순하고 착해 보이는 눈이 그립다고 아쉬워한다. 길을 물어보고 싶을 만큼 착해 보인다고 놀린다. 쌍수 후 바뀐 모습에 후회하지 않느냐고도 묻는다. 나는 인상이 좋아 보인다는 말보다 예쁘다는 말이 더 좋다. 쌍수 후 처진 눈꺼풀이 없어져 늘어진 턱선과 잔주름 정도는 신경도 쓰이지 않는다.

착각일지 몰라도 전체적인 얼굴 느낌이 젊어진 것 같아 자신감이 생긴다. 외모는 누가 뭐라 해도 자기 자신의 만족감이 가장 중요하다. 나의 매력 자본 만들기 쌍꺼풀 수술은 대성공이다.

못 믿을 그놈 목소리

지금 웃지 못할 일을 하고 있다. 오늘 저녁에 약사회 회의가 있는데 장소를 못 찾아갈까 봐 사전 도로 답사 중이다. 중요한 안건이 있어서 꼭 참석해야 하는 회의이다. 직업 특성상 약사 대부분이 8시가 넘어야 참석하므로 회의는 보통 밤 9시로 정한다.

장소는 음식점을 예약하여 간단하게 저녁 식사를 한 후 회의를 하는 경우가 많다. 약사회 사무장이 일주일 전에 장소와 시간을 미리 단체 톡방에 공지한다. 친절하게도 음식점 명함도 올리고 그 아래 알아보기 쉽게 손으로 직접 약도까지 그려 넣었다. 길눈이 어두운 나 같은 사람을 위한 배려일 것이다.

밤에는 더더욱 천지 분간하기가 어렵다. 회의를 알리는 공지를 본 후부터 불안은 시작되었다. '이번에는 잘 찾아갈 수 있을까, 또 헤매다 늦지는 않겠지!' 이렇게 노심초사하는 데는 다 나름의 이유가 있다. 낯선 길에서 밤 운전은 나에게 완전 취약이기 때문이다.

황당하게도 회의 장소 근처까지 갔다가 집으로 되돌아온 적도 있다. 그놈이 좁디좁은 골목길로 진입하라는데 믿을 수가 있어야지. 그놈 말을 덜컥 믿고 들어갔다가 막다른 길이면 큰 낭패를 당할 것이 뻔하다.

환한 대낮도 아니고 가로등도 없는 어두운 밤길인 데, 후진하다 뒤차가 들어오기라도 하면 큰일이다. 오만가지 상상력이 발동된다. 어두운 곳을 극도로 무서워하는 자신이 덜떨어진 사람 같아 스스로 자책해 보지만 선뜻 용기가 나지 않는다.

결국은 차를 돌리고 말았다. 여기서 그놈은 내비게이션이다. 나오는 소리는 나긋나긋한 여자 목소리지만, 성별대로 제대로 부르다간 쌍욕이 될 테니 그놈이라 할밖에 없다.

한번은 예전 출퇴근 길이라 부담 없이 약속 장소를 향해 길을 나섰다. 이게 웬걸! 도로 사정이 예전과 확 달라지고 대대적인 확장 공사가 진행 중이었다. 여기저기 길을 펜스로 막아놓고 돌아가라고 이정표를 해 놓았다. 그런데도 업그레이드되지 않은 내비게이션은 막혀 있는 도로를 향해 막무가내로 직진하라고 한다.

길은 점점 어두워져 이정표도 제대로 보이지 않는데 돌고 돌아서 늦게나마 도착하였다. 회의를 마치고 오는 길에 내비게이션은 또다시 나를 도로의 수렁에 빠뜨렸다. 자꾸만 낯선 캄캄한 길로 인도하여 집으로 가는 길이 막막해졌다. 별의별 생각이 다 들었다.

까짓것 대리운전기사를 부를까. 아니면 콜택시를 불러 집 주소를 가르쳐주고 그 뒤를 졸졸 따라서 운전하고 갈까. 대안이 떠오르니 무서움이 가시면서 배짱이 생겼다. 그놈의 명령을 무시하고 확실히 아는 도로표지판의 지명을 따라 익숙한 강변북로로 진입하니 이제는 살았다 싶어 혼자서 웃기까지 하였다.

오늘은 밤 운전에 대한 불안을 덜기 위한 고육책으로

회의 장소를 사전 답사하기로 한 것이다. 일찍 퇴근하여 어두워지기 전에 길을 익히고 주차장까지 확인하고 나니 불안감이 한결 가셨다. 이것으로 약사회 상반기 회의 일정은 모두 끝난 것 같아 당분간은 밤 운전에 대한 공포로부터 해방될 듯하다. 꼭 운전해야 하는 밤 외출은 여간해서는 엄두가 나지 않는다. 원체 어두운 것을 무서워하는데다 낯선 곳에서 운전까지 하게 되면 심장이 쪼그라드는 것만 같다.

놀기 좋아하는 내가 어둠이 무서우니 참 애석한 일이다. 자고로 모든 유흥은 어둠이 깊어갈수록 무르익는 법인데 말이다. 별수 없이 어둠의 불안을 떨치고 밝고 환한 곳에서 유쾌하게 놀 수 있는 놀이를 무진장 개발해야 할 모양이다.

내 몸이 왜

요즘 내 몸이 내 몸이 아닌 것 같다. 정체불명의 약물이 불시에 내 안으로 유입되는 것처럼 몸이 훅 더웠다가 식었다 생난리다. 낮에는 일하거나 무언가 집중하면 그런대로 참을 만하다.

그런데 밤이 무섭다. 침대에 누워 잠이 들 만하면 등이 뜨겁고 땀이 나서 잠이 확 깨 버려 부채질해대느라 도저히 숙면할 수가 없다. 어쩔 땐 엉엉 울고 싶다. 허약한 체질이지만 잠 하나 잘 자는 것으로 건강을 유지했는데 그것도 내 맘대로 안 된다. 어떻게 내 몸이 이렇게 변할 수 있을까.

이런 내 몸이 낯설다 못해 참 황당하다. 몸도 몸이지만 순간순간 변하는 감정은 또 얼마나 변덕스러운지 모르겠다. 짜증은 늘고 화가 나면 잘 가라앉지 않는다.

좋아하는 사람들과 함께 하는 즐거움도 그때뿐이고 금세 마음이 허전하고 우울하고 고독해진다. 점점 나를 통제하기가 힘들다. 이대로 살 수가 없다. 우울증일까.

나는 지금 갱년기를 겪고 있다. 어떤 병 못지않게 지독한 갱년기를 앓고 있다. 폐경 전후에 여성 호르몬이 줄어들면서 여러 가지 증상이 나타났다. 내 일이 아닐 때는 나이 들면 나타나는 갱년기 증상쯤이야 가볍게 지나갈 줄 알았다. 설령 갱년기가 와도 약사인 내가 내 몸을 현명하게 잘 컨트롤할 수 있으려니 여겼다. 그것은 자만이었다.

약국에 와서 성미가 급하고 화를 잘 내는 50대 여자들을 이해하지 못했다. 겪어보지 않았다면 평생 모르고 넘어갈 증상이었다. 나도 그들과 똑같은 사람이 되어버렸다. 가족들에게 무서운 갱년기 주의보를 내렸다. 갱년기인 엄마와 아내는 몸과 마음이 큰 변화를 겪느라 힘드니 잘 이겨 낼 수 있도록 도와 달라고 SOS를 청했다.

사춘기도 별 탈 없이 지나갔건만 나는 갱년기를 핑계로 가족들에게 관심과 사랑을 표현해 달라며 철부지 애처럼 떼를 썼다.

우선 약국에서 취급하는 갱년기 치료제를 복용하며 다른 특효약이 없나 눈에 불을 켜고 찾아보았다. 효과가 있다는 약제나 식품의 정보가 엄청나게 많았다. 선별이 힘들어서 널리 알려진 것부터 먹어보았다.

식품으로는 여성 호르몬이 많은 석류즙과 칡즙을 먹었다. 위와 장이 약한 나에게 맞지 않아 효과를 기대할 정도로 장기간 먹기가 힘들었다. 처방이 필요한 여성 호르몬제 복용은 정기적으로 유방암 검사가 필요해서 마지막 선택지로 남겨 놓았다.

오래간만에 대전에서 약국 하는 선배에게 전화하여 갱년기 때문에 죽겠다고 하소연하였다. 익히 알려진 치료제 외에 다른 제품이 없냐고 물어보았다. 선배가 추천한 콜라겐을 복용하자 밤에 더워서 깨는 횟수가 점차 줄어들었다. 그나마 살 것 같았다. 콜라겐은 사람마다 효과가 제각각이다. 내 경우에는 콜라겐이 많이 부족했던지 처음에는 효과가 드라마틱하게 나타났는데 오래 먹어도 더 이상 좋아지지는 않았다.

갱년기도 몸이 노화가 되면서 나타나는 자연현상인데 거꾸로 돌리려는 내가 욕심이 지나치다는 생각이 든다. 태어나고 자라면서 원하지 않아도 몸의 변화는 계속 일어난다. 젖니가 나고 키가 크고 2차 성징이 나타나는 사춘기를 거쳐 성숙한 몸이 된다.

그 후에도 많은 변화를 거듭하여 오늘의 몸이 되었다. 성장하는 내 몸은 받아들이고 노화되어 가는 몸은 본능적으로 밀쳐 내고 거부하기에 급급했다. 하지만 갱년기를 앓고 있는 지금 몸도 내 몸임이 틀림없다. 두 팔로 꼬옥 껴안아 본다.

'여성들이여! 갱년기 증상은 다가올 노년을 위해 지금 내 몸을 잘 돌보고 준비하라는 고마운 신호쯤으로 받아들이면 어떨까요?'

자기사랑

『자기사랑(Self-Love)』은 최근에 산 책 제목이다.

인도의 담배 가게 성자로 널리 알려진 영적 스승 '스리니사르가닷따 마하라지'가 생애 말년에 했던 정기적인 법문들을 모은 것이다. 나는 이미 2010년에 '마하라지'의 책 『아이 앰 댓(I AM THAT)』을 읽었다.

예전부터 자아 찾기에 목이 말라 책으로 그 갈증을 채우고 진리를 찾는 중에 우연히 불교 공부를 하였다. 한동안 귓가에 울리던 나의 화두는 '삶이 우리에게 무엇인가'였다. 매번 내 속에서 올라오는 답이 달랐다. 답답했다. 수없이 답이 없는 질문에 시달렸다.

2007년 3월 불교 공부를 하던 '불광사' 도서관에서 '우리가 이 세상에 살게 된 7가지 이유'라는 책을 만났다. 책을 읽으면서 빛을 발견하였다. 내 인생의 전환점이 된 책이었다.

내 안의 옹달샘에서 끝없이 솟아 나오는 사랑을 보았다. 나의 교만과 욕심이 무너지며 더할 수 없이 행복해졌다. 책의 저자 다카하시 선생의 실체를 확인하고 싶었다. 그해 여름 '다카하시 신지' 선생의 발자취를 찾아 일본까지 갔었다. 선생은 이미 타계했지만 그의 제자들이 모임을 유지하고 있었다. 그중 한국인 제자를 만나 선생에 관한 얘기를 나누고 한국에서의 만남을 기약하였다.

나를 찾아가는 여정에서 인도의 성자라 불리는 '스리 니사르가닷따 마하라지'를 알게 되었다. 그의 책 '아이 앰 댓'을 읽고 답답하고 미진했던 삶에 대한 여러 문제, 특히 나에 대한 모호성이 정리되었다.

그야말로 머릿속과 마음이 개운해진 느낌이었다. 마하라지의 책 『아이 엠 댓』은 결정적이었다. 나의 마지막 책이라 부를 만큼 그 감격과 행복은 전율이 일 정도였다. 그토록 답을 찾아 방황하던 모든 짓을 그만두었다.

그 후 10년 동안 행불행이 왔다 갔다 했지만, 그 또한 지나가고 잘살고 있다. 더 이상 삶에 대한 철학적인 갈등이나 탐구가 없어도 별문제 없었다. 한마디로 세속적인 속물로 만족하면서 살고 있다.

지금의 삶은 모양새가 그리 나쁘지 않고 타인이 가진 것은 대체로 소유할 정도로 자족하는 삶이다. 하지만 다시 태어나는 일은 정말이지 원하지 않는다. 이렇게 현실의 스트레스와 미래의 불안을 되풀이하는 삶은 싫다. 또 다른 형태의 현생이 반복될까 두렵다.

어쩔 수 없이 다시 태어난다면 내 영적인 호기심이 따라가는 대로 끝장나게 수행의 길을 가고 싶다. 철학을 전공하여 깊이 파 보고 싶다. 수행자가 되어 세상 이곳저곳 탐색하며 깨달음의 길을 가고 싶다. 그러려면 무엇보다 여자가 아닌 남자로 태어나는 게 좋을 것이다.

개인적으로 가장 불편하고 제약을 많이 받는 것은 내가 여자라는 것이다. 홀로 자유롭고 거침없는 수행자의 삶을 살아보고 싶다. 어차피 이번 생은 이미 캐릭터가 정해진 대로 살 것이다.

소심하고 생각 많은 내가 현재를 부정하고 바꿀 용기는

더더욱 없다. 불의의 사고나 불치병이 아니라면 말이다. 얼마 전 마하라지의 『아이 앰 댓』 후속편이라 할 만한 책을 발견했다. '자기사랑'이 바로 그 책이다. 또다시 나를 찾기 위한 방황이 시작되는 건 아닌지 왠지 불길하다.

명품 접시

사실 나는 보통의 결혼한 여자들이 생각하는 부엌에 대한 환상이 거의 없는 편이다. 환상이 들기는커녕 나의 부엌이라는 소속감도 없다.

결혼 후 바로 직장 일을 계속하는 바람에 집안 살림은 함께 사셨던 시어머니 몫이었다. 어정쩡하게 내가 살림에 끼어들었다가는 오히려 불편할 것 같아 어머니께 일임하였다. 그러다 보니 나는 살림에는 도통 관심이 없는 그저 귀한 막내딸처럼 지냈다.

그러다가 큰애가 고등학교 입학할 무렵에 따로 분가하여 부엌을 맡게 되었다. 분가하여 부엌살림을 한다고 하루아침에 살림꾼이 될 수는 없었다. 어설프기 짝이 없어 어머니께 전화하기 일쑤요 어머니께서 일주일에 한 번씩 오시는 세월이 그 뒤로도 꽤 길었다.

어떤 여자는 부엌에 있을 때가 가장 안정감이 생기고 편안하여 아무도 침범할 수 없는 자기만의 고유한 공간으로 여기며 살아가기도 한다는데 나에게는 부엌이라는 공간이 주거 공간의 일부분일 뿐 나의 부엌이라는 말이 도통 낯설기만 하다.

아마도 그 여자의 부엌은 그녀가 자랑할 만한 살림 도구들로 질서 정연하게 정리되어 있고 살림 비법이 녹아있어 특유의 분위기가 느껴질 것이다. 부엌살림을 보면 그 집안의 많은 것을 알 수 있는 커다란 단서가 될 텐데 나의 부엌, 아니 주말에는 남편의 부엌이 되기도 하는 우리 집 가족 공동의 부엌은 딱히 내세울 만한 특색이 없다.

웬만한 가정집 부엌에 있는 그 흔한 유명 브랜드의 그릇 세트는커녕 밥그릇 국그릇조차도 네 식구가 제각각이었다. 겨우 노란 장미가 그려진 커피잔 한 세트와 남편과 가끔 주말 저녁에 맥주 한잔하기 위한 야생초 그림의 맥주잔, 달랑 두 개가 그 브랜드 그릇의 전부다.

너무 초라한 부엌살림인가. 나는 묘하게도 그릇을 세트로 살 엄두가 나지 않는다. 세트로 사서 식탁을 차린다면 깔끔하고 품격도 있을 것이다. 하지만 끼니마다 모든 음식을 같은 문양과 분위기의 그릇에 담아 먹는다고 생각하면 금세 질려 버릴 것 같다.

한두 푼 하는 것도 아니고 좀 사용하다가 싫증나면 본전 생각날까 싶기도 하다. 내가 변덕이 좀 심한 걸까? 아니면 세트로 사지 못하는 자의 변명일까? 글쎄 아리송할 뿐이다.

오늘도 백화점 그릇 코너에는 형형색색 화려한 문양의 명품 그릇들이 나를 유혹한다. 여전히 나는 그 앞에서 쉽사리 발길을 떼지 못하고 구경하느라 바쁘다. 누가 본다면 그때 내 얼굴은 그 그릇들이 몽땅 나의 부엌에 들어온 듯, 마냥 행복해 보일 것이다.

이 세상 부엌에는 주인을 잘 만난 온갖 명품 그릇들로 넘쳐나고 있을 것이다. 하지만 요리도 제대로 할 줄 모르는 나의 부엌에 저 명품 그릇들로 다 채운들 무슨 소용이 있으랴. 돼지 목에 진주 목걸이를 걸어 놓은 것처럼 영 어울리지 않을 것이다. 그저 유행 따라 바뀌는 예쁜 그릇들을 구경하는 것만으로도 만족이다.

그런 나에게도 할 말은 있다. 우리 집 부엌 그릇들은 모두 내 삶의 길목에서 마음에 쏙 들어 하나씩 간택 당하여 사용하게 된 특별한 그릇들이다.

빨주노초파남보 일곱 색깔 무지개색의 오목하고 작은 그릇은 친정엄마가 만들어 주시는 시원한 식혜를 담아 먹는 그릇, 여행길에서 우연히 산 푸른 바다 빛의 조개 모양 크리스털 접시는 달콤한 체리를 담아 놓으면 딱 안성맞춤인 그릇이다.

요즘도 가끔 꺼내 쓰는 10년도 넘은 새하얀 접시를 보면 두 딸이 어릴 적에 엄마가 만든 스파게티를 맛있게 먹으며 깔깔거리던 모습이 떠올라 나를 미소 짓게 한다.

그 그릇들은 누구에게나 알려진 화려한 명품은 아니지만, 각각의 그릇 속에는 우리 가족의 이야기와 소중한 추억이 담겨 있다. 그렇다. 우리 집 부엌의 명품 그릇은 오래도록 우리와 함께하며 음식뿐만 아니라 삶의 희로애락 역사가 기록된 접시, 다름 아닌 그 새하얀 접시가 바로 명품 접시인 것이다.

사십과 오십 사이

나이 들어간다는 것을 아직은 늙어 간다는 말로 표현하고 싶지 않다. 육체적으로 여기저기 늙어 가는 징후가 보이는 데도 말이다.

먼저 가장 좋아하는 것을 방해하는 사태가 일어났다. 시력의 변화, 바로 노안 현상이 나에게도 찾아왔다. 책 읽기는 취미이기 이전에 내 인생에 있어서 떼려야 뗄 수 없는 멘토 역할을 해왔다. 책은 나를 움직이게 한다. 행동하게 하고 변화하게 하였다.

단어조차 생소한 노안으로의 시력 변화는 나를 당황스럽게 만들었다. 내 일로 받아들이기가 힘이 들었다. 친구들에게조차 노안이라는 단어로 눈의 상태를 알리는 게 왠지 부끄러운 느낌이다.

가까운 친구의 '요새 네 눈은 어떠니?' 하는 느닷없는 질문에 '그냥 뭐 그렇지' 하고 얼버무리게 된다. 자기 이야기를 남의 일처럼 은근슬쩍 아무 일도 아니라는 듯이 말하는 것이 그 친구의 대화 방식이다. 그 친구의 알 듯 모를 듯한 속내를 들여다보는 즐거움이 오래도록 친구와의 관계를 매력적으로 만드는지도 모르겠다.

어렸을 때부터 싫증 내지 않고 꾸준히 좋아했던 것은 책 읽기다. 학창 시절 꽤 성실한 모범생답게 나름대로 열심이었지만 밤을 새우면서까지 공부한 적은 없다. 그보다 독서에 빠져서 창밖이 환히 밝아져서 아침인 것을 알아차리곤 했다.

책을 한번 읽기 시작하면 공부가 뒷전이니 시험 전에는 독하게 마음먹고 책 근처에는 눈길을 주지 않으려고 부단히 애썼다. 어른이 되어서도 일을 하면서 행복을 만끽할 때는 좋은 책을 골라서 마음껏 살 수 있는 여유로움, 사치 아닌 사치를 누릴 때다. 책을 한 아름 안고 있으면 나는 큰 부자가 되고 그지없이 행복하다. 코가 벌름벌름할 정도로 좋다.

그런데 좋아하는 책을 밤새워 읽는 데 문제가 생겼다. 책을 좀 읽다 보면 눈이 침침하고 피곤하고 급기야 가까이 보면 글자가 어른거리기 시작했다. 오호 통재라! 이 무슨 일인가! 처음에는 짜증도 나고 힘이 들더니 어떻게든 적응을 해나가나 보다.

예전처럼 한 번에 읽어 내리는 스토리 중심의 책보다는 곱씹어서 읽게 되는, 천천히 생각하며 읽어야 하는 책들을 찾게 되었다. 주로 명상과 종교 서적, 정신적인 평온, 삶에 대한 서적을 읽게 되었다.

이제까지는 즐기는 게 책뿐이었다면, 지금은 음악을 들으면서도 책에 못지않은 감동과 카타르시스를 느끼게 되었다. 한 가지 더 그림 보는 것도 관심을 두게 되었다. 자주 미술관을 찾아가서 즐길 정도는 아니지만, 나이가 들수록 시간적 여유가 생길수록 좋은 취미가 될 것 같다.

이게 다 나이가 들어가며 나에게 주는 선물(?)로 여겨진다. 새로운 경험을 하게 되면서 시야가 넓어지고 한 가지만을 고집하던 외골수에서 벗어날 수 있었으니 말이다.

음악을 즐기며 감동할 수 있는 감성은 나이가 들어도 늙지 않고 오히려 더 민감해진다는 것이 감사할 뿐이다. 영국 싱어 제임스 블런트의 음악은 영어맹이나 다름없는 나에게 의미는 제대로 이해되지 않는다. 멜로디만으로도 진한 감동과 함께 내 마음을 열어준다.

화가 고흐나 천경자의 아름다운 색감이 나를 더 없이 매혹시킨다. 유일하게 지치지도 않고 즐겼던 책 중독에서 벗어나 음악, 그리고 그림으로까지 관심의 영역이 넓어졌다.

나이 들어간다는 것이 늙어 간다는 것이라고 스스럼없이 말할 수 있는 때가 나에게 과연 올 수 있을까? 내 나이 지금 사십과 오십 사이의 딱 중간이다. 나의 나이 사십을 받아들이기는 어렵지 않았는데, 다가올 오십이라는 나이는 버거울 것만 같다.

나이가 주는 숫자만큼이나 넉넉한 마음과 여유로운 눈으로 우리의 삶을 바라보며 살고 싶다.

남편은 오십이 되어 가는 나이이지만 예전이나 지금이나 늙음으로 다가 오지 않는다. 그 비결이 뭘까? 아마도 과거나 미래에 살지 않고 지금 여기, 현실 그대로의 삶을 살아가는데 그 비밀이 있는 듯하다. 남편이 자주 하는 말이다.

"우리의 삶 중에서 과거도 다가올 미래도 아닌 '지금'이 가장 좋을 때야."

세희 할머니 김치통

11월이 되자 어김없이 약국 손님들의 화젯거리로 김장 얘기가 많이 나온다. 아차 싶었다. 정작 김장 걱정보다 세희 할머니 김치통 생각이 난 것이다.

어떡하지? 설마 오늘 오시지는 않겠지. 김치통 가져와야 하는데 또 까먹었네.

웬 김치통? 사연은 이렇다. 약국 개업 때부터 쭉 단골손님인 세희 할머니는 겨울이면 손수 수확한 호박 고구마를 쪄서 잘 익은 김장김치와 함께 출출할 때쯤 약국에 가져다주셨다. 양이 많아 남은 김치는 집에 가져가서 먹었다. 처음에는 할머니의 마음을 대가 없이 받기가 부담스러워

사양도 했다. 하지만 한번 두 번 할머니 인심을 넙죽 받아 먹고 나는 나대로 가진 것을 나눠 드렸다.

그러기를 몇 년째, 급기야는 할머니께서 작년에 김장김치를 커다란 통에 한가득 갖다 주셔서 1년 내내 김치 걱정 없이 지냈다. 친할머니가 일찍 돌아가시고 안 계신 나는 할머니의 정이 더없이 따사롭고 좋다. 지난주 약국에 오신 할머니께서 "작년에 준 김치통을 가져와야 또 김장해서 줄 것 아니냐."라며 빨리 가져오라고 성화를 대셨다. "할머니 저도 늙었나 봐요. 자꾸 깜박거리네." 하며 할머니께 애교 섞인 변명을 한참이나 늘어놓았다.

십오 년 동안 한 곳에서 약국을 하니 애정이 깊어진 환자들이 많아졌다. 약국 문을 들어서며 나를 찾으시는 눈빛이더니 이내 꼭 쥔 주먹을 펴 보이는 할머니, 예쁜 밤 세 톨이 오롯이 들어있다. 오는 길에 주웠다며 해맑게 웃으신다. 약국에 와서 내가 없어 못 보면 허전하다는 손님. 오래만에 혼자 오신 할머니께 할아버지 안부를 묻자 말보다 먼저 눈물을 흘리신다. 저세상 가셨다며 울먹이신다. 나도 같이 눈물을 글썽인다. 치매 걸린 한 할머니는 지나가다 들어왔다며 반가워서 불쑥 내 손을 잡으신다. 치매에도 나를 잊어버리지 않았나 싶어 코끝이 찡해진다.

이 마음은 무엇일까. 세월의 힘일까. 피할 수 없어 도망치고 싶기도 했던 내 직장은 약국이다. 약국에 자주 오시는 분들과 미운 정 고운 정 다 들어 가족 같은 감정들이 뒤범벅되었다. 가끔은 가족이라는 울타리가 속박으로 여겨지는 것처럼 약국에서 맺어지는 관계는 나를 버겁게 만들었다. 나를 힘들게 한 일도 많았고 오해하기도 했지만, 세월 속에 묻히며 서로 익숙한 관계가 되었다.

애증을 넘어서야 비로소 서로를 알게 되고 이해하는 사이가 되는 것 같다. 술만 마시면 주사가 심했던 아저씨는 술을 끊은 후, 약국에 오면 박카스 두 병을 사서 한 병은 기어코 나를 주며 대접한다. 갓난아기가 청년이 되어 군대에 가고 소녀들은 짝을 찾아 결혼하였다. 잘 자라준 그들이 고맙고 기특하다. 약국과 함께 나도 나이가 들어간다. 인제 보니 나도 모르게 동네 어른이 되어 있었다.

남양주에서 약국을 하리라고는 꿈에도 생각하지 못했다. 서울에서 약국을 하다가 남편이 대전으로 발령이 나서 내려갔다. 7년 뒤 다시 서울로 올라오니 의약분업이 되어 환경이 많이 달라져 있었다. 집 가까운 곳에서 쉽사리 약국을 할 수 있는 여건이 아니었다. 약국 자리 보는 눈을 익히려고 멀리까지 동분서주하였다.

그날도 약국 자리를 찾아서 잠실에서 구리 가는 버스를 타려고 버스정류장에서 줄을 서 있었다. 옆의 줄은 남양주 가는 버스를 기다리는 줄이었다. 그때 남양주 가는 버스를 알게 되어 여기까지 왔다. 정말 우연이었다. 그 우연을 붙잡고 남양주에 약국을 열어 지금까지 머물게 되었다. 우연으로 만든 인연을 뿌리치고 싶어 갈등하고 방황하는 시간을 보냈다. 그 당시에는 도로 상황도 좋지 않아 출퇴근 시간이 너무 걸리고 인력 구하기가 힘들었다. 남양주를 벗어나 서울로 진입하려고 부단히 애썼으나 뜻대로 되지 않았다.

힘든 대로 시간은 빨리도 지나갔다. 그 사이 대중교통도 많아지고 전철역도 생겼다. 고속도로가 생기고 터널도 뚫려 출퇴근 시간이 30분이면 충분해졌다. 오히려 서울 출퇴근보다 복잡하지 않아 좋다. 지난 시간을 돌아보니 우연이 인연을 만들고 또 필연을 준비한 것 같다. 세상은 나를 향해 많은 기회를 열어 놓을 것이다. 다만 내가 그 기회를 볼 수 있느냐, 붙잡느냐 그대로 놓쳐 버리느냐에 따라 인연도 필연도 만들어지는 것 같다.

이번 겨울은 유난히 춥다. 겨울을 넘기기가 무척 힘들어 벌써 입춘을 기다린다. 꽁꽁 언 날씨에 약국을 찾아주는 분들에게 따뜻한 마음을 전달하고 싶었다.

먹는 것이 좋을 것 같아 생각한 것이 겨울철 과일 감귤이다. 먹고 나온 껍질만 처리하면 되니 따로 일손이 필요치 않아 제격이었다. 좀 늦은 감이 있었지만 12월 중순부터 제주도 농장에서 감귤을 배송받아 약국에 내놓았다. 박스 째 내놓지 않는데도 감귤 10킬로는 이틀이 안 되어 동이 났다. 나도 이렇게 반응이 좋을 줄 몰랐다. 약이 조제되어 나오기를 기다리면서 감귤 까 드시는 어르신들의 따뜻한 대화 소리에 기분이 훈훈해진다.

할머니의 눈빛

_아이고 내 새끼, 이쁜 내 강아지

할머니는 그저 말없이 나를 바라보고 계셨다. 학교에 가다가도 공부하다가도 돌아보면 늘 빙긋이 웃으며 바라보고 계셨다. '아이고 내 새끼 고생허네, 고만하고 자거라. 언제나 그 힘든 공부가 끝날까나 모르것다.' 단칸방 벽에 기대어 졸다가 깨다가 하면서도 손주 새끼 안쓰러워 먼저 잠자리에 드시질 못했다.

누워서 편히 주무시라고 짜증내고 타박해도 막무가내였다. 공부하다가 졸면 들여다보시며 잠 깨라고 강아지, 사슴, 사자 등 작고 귀여운 동물 조각상을 책상 위에 올려

놓아 주셨다. 학교 끝나고 돌아와 할머니를 부르며 방문을 열면 방 안에 가득 달콤한 딸기 향기가 나를 반겼다.

어느 날, 계란 프라이 맛이 이상하여 한입 베어 물다 내뱉었다. 알고 보니 할머니는 좁은 부엌 부뚜막에 식용유와 주방세제를 나란히 놓고 사용하고 계셨다. 그런데 눈이 어두워서 그만 서로 바꿔 넣는 바람에 그런 웃지 못할 불상사가 생긴 것이다. 할머니는 그 일로 얼마나 자책을 하셨던지, 속상해하시던지 이루 말할 수가 없었다.

고등학교 3학년 때, 야간 자율학습 끝내고 집으로 돌아오면 골목길 앞에 어김없이 할머니가 마중 나와 계셨다. 언젠가 한 번은 웬일인지 할머니가 나오시지 않았다. 할 수 없이 어두운 골목길을 혼자 걸어서 집으로 돌아왔다. 워낙 겁이 많은 터라 무서워서 손을 얼마나 꽉 쥐었던지 교복 주머니 속에 든 종잇조각이 완전 꼬깃꼬깃 뭉쳐져 있었다. 내가 올 시간만 기다리다 할머니는 깜박 잠이 드셨다. 할머니는 가슴을 치며 '내 새끼 얼마나 무서웠을꼬. 내가 미쳤지 평생 잘 잠을 고새 못 참다니.' 하시며 안타까워하셨다. 내 눈에는 할머니가 나에게 뭘 못 해주셔서 안달 난 분 같았다. 할머니는 귀찮아하는 내 눈치를 봐 가면서 어떻게 하면 기분 좋게 공부하게 해 줄까, 입에 맞는 음식 해 먹일까? 늘 궁리하셨다. 나는 선심 쓰듯이 투정 부려가며 그 모든 사랑을 받기만 하였다.

할머니께서는 내 나이 스무 살에 평소 좋지 않으셨던 심장병이 악화되어 먼 길을 떠나셨다. 할머니는 병상에 누워서 늘 말씀하셨다. '아가 내 죽거들랑 많이, 많이 울어라.' 생이 얼마 남지 않았다는 것을 직감하셨던 것일까? 오랜 시간이 지난 지금도 그 말이 마음에 맺힌다.

당신의 부재를 슬퍼해 달라는 뜻이었을까. 남은 자손들이 당신을 많이 사랑했다는 증표로 삼고 싶으셨던 것일까. 나는 많이, 많이 울 거라고 약속했다. 할머니에 대한 못다 한 사랑을 눈물로 보답하려는 듯이 몇 날 며칠 눈물이 마르지 않았다. 할머니는 내 눈물에 흡족하셨을까? 이 세상에 대한 아무런 미련 없이 홀가분하게 떠나셨을까? 그 뒤로 그리운 할머니는 꿈속에서조차 볼 수가 없었다.

할머니 인생은 여자로서 참으로 슬펐다. 자그마한 체구

의 곱고도 깔끔하셨던 쪽 찐 머리 얌전쟁이 할머니. 할머니는 겨우 아버지 하나 낳고서 남편을 다른 여자에게 보내야 했다. 그 기막힌 사연을 어린 내가 구구절절 다 알 수는 없었지만, 할머니의 슬픔을 느낄 수는 있었다. 어린 나는 어쩌다 오시는 할아버지를 제대로 쳐다보지도 웃지도 않는 것으로 단죄했다. 할아버지는 여러 여자를 거느리고 살아야 할 팔자였다고 했다.

예전에는 말도 안 되는 팔자타령이 참 많았던 것 같다. 할머니는 원치 않았던 운명의 희생양이 되었다. 살아 있는 남편을 지척에 두고도 하염없이 기다리며 수십 년을 생과부로 외로운 인생을 사신 것이다.

세월이 흘러도 할머니의 할아버지에 대한 감정은 마냥 새색시의 수줍은 모습 그대로였다. 언제 어느 때 바람처럼 들를지 모르는 남편을 기다리며 늘 풀기 있는 깨끗한 이불과 요를 준비해 놓으셨다. 기약 없는 그 양반 언제 올지도 모르는데 무슨 청승이냐는 동네 사람들의 핀잔과 안타까움에도 할머니는 일편단심 민들레였다.

할머니가 박장대소하며 크게 웃는 것을 본 기억이 없다. 그렇다고 할머니의 눈물을 본 적도 없다. 어쩌면 할머니의 인생은 목마른 사랑의 기다림으로 일관하지 않았나 모르겠다. 그 깊고도 깊은 슬픔과 외로움을 내 어찌 알았겠는가?

할머니의 임종이 임박했을 때 멀리 계셨던 할아버지가 바람처럼 나타나셨다. 한 가닥 부부의 인연이 남아 있었던지, 아니면 할머니의 간절한 바람이 꿈속에 현몽이라도 하였던지 참으로 알 수 없는 일이었다. 어쨌든 평생을 기다리셨던 할머니에게는 그나마 다행스러운 일이었다.

그때 그 시절을 떠올리면 경제적으로 어렵고 힘든 시절을 보냈지만, 다른 기억은 온데간데없고 할머니의 조건 없는 넘치는 사랑만을 기억할 뿐이다. 그때 스무 살 나이에는 멋모르고 할머니를 먼 길로 외로이 떠나보냈다.

하지만 할머니는 영원히 내 가슴에 살아 계신다. 나는 수없이 많은 책 속에서 가장 많은 영향을 받았노라고 말하곤 했다. 하지만 이제야 깨닫는다. 책보다 그 무엇보다도 할머니의 변함없는 주체할 수 없는 사랑의 눈빛이 나를 키웠다는 것을.

멀미 불안

출근길이다.

차를 운전하여 아파트 단지를 빠져나와 지하철역 근처를 지나가자 항상 대기 중이던 대학병원 셔틀버스가 보인다. 순식간에 속이 메슥거린다. 두통이 밀려온다. 직접 운전할 때는 느껴지지 않던 멀미증상이 나타난 것이다.

얼마 전 평창으로 관광버스를 타고 월간 한국수필 등단신인 연수를 다녀온 후유증이다. 멀미가 어찌나 심했던지 함께 간 문우들에게 국민 약골로 소문났다.

여러모로 신경을 써주시는 그분들께 고마운 마음 중에

혹여라도 내 상태가 폐가 되지 않을까 마음이 무거웠다. 근래에는 버스 여행을 하지 않아 멀미에 무방비로 긴 시간 버스를 탄 것이 화근이었다.

생각해보니 작년 겨울 강원도 이외수 문학관 기행과 올해 초 군산으로의 시간여행을 떠났을 때는 그 즐거운 분위기에 흠뻑 빠져 거의 멀미를 모르고 다녀왔다.

하지만 이번 신인 연수는 작가님 대부분을 처음 뵙고 나보다 한참 연배 있으신 어른들이 함께한 어려운 자리였다. 그러다 보니 긴장이 되고 여간 조심스러운 것이 아니어서 멀미를 더 부채질했을 것이다. 아무튼, 나의 예민함이 문제였다.

나의 버스 멀미 역사는 꽤 길다. 어릴 적 살았던 영광에서 외가가 있던 목포까지 방학이면, 우리는 버스를 타고 놀러 갔다. 그 당시 우리가 할 수 있었던 유일한 장거리 여행이었다. 일 년에 한두 번 가는 버스 길이 두렵기도 했지만, 외할머니와 이모들을 만날 생각에 설레며 방학이 다가오기를 손꼽아 기다렸다. 외가로 가는 버스를 탈 때 나는 의기양양하고 용감했다. 아마도 나 혼자 동생을 데리고 가는 막중한 책임을 맡았기 때문이었을 것이다.

집안 살림에 아빠의 가게 일까지 돕느라 함께 갈 수 없었던 엄마가 우리만 버스를 태워 주시면, 한 살 터울인 동생을 데리고 3시간 남짓 걸려 외가에 도착했다. 버스 타기 전부터 엄마는 미리 멀미약을 먹이고 까만 비닐봉지까지 챙겨주셨다. 토할 기미가 보이면 바로 비닐봉지를 들이대고 그 속에 토하라고 신신당부하셨다.

엄마의 걱정은 아랑곳없이 우리는 외가에 간다는 들뜬 기분에 건성으로 대답하고 버스를 탔다. 처음에는 멀미약 기운에 잠이 들었지만, 그것도 잠시 울렁거리고, 토하다가 도착할 때쯤이면 지쳐서 기진맥진해졌다.

드디어 목포터미널에 도착하여 땅을 딛고 바람을 쐬면 멀미는 얼마간 진정되었다.

갈 때마다 의례적으로 멀미로 고생을 하면서도 방학이면 외가를 찾아 추억을 쌓았다. 특히나 기억에 남았던 즐거움은 외할머니가 사주신 하얀 구두를 신고 양산을 쓰고 막내이모랑 목포 유달산을 구경한 일이다.

기념으로 찍은 빛바랜 흑백사진이 지금도 어딘가에 남

아 있을 것이다. 엄마 바로 아래 동생인 새댁이었던 애순 이모가 외가 가까이 살고 있었다. 이모는 유달리 정이 많아서 여름방학 때 조카들이 놀러 가면 무척 예뻐해 주시고 꼬챙이에 꽂아서 찐 노란 밤고구마와 막 나온 파란 풋사과도 사 주셨다. 어릴 적 외가를 생각하면 싱싱한 풋사과의 향긋한 맛과 함께 새댁 이모의 발그레한 웃는 얼굴이 떠오른다.

어른이 되어서도 나는 버스의 휘발유 냄새와 버스에서 틀어주는 뽕짝 노랫소리를 들으면 멀미를 일으킨다.

평창에서 돌아오는 길에 다시는 관광버스를 타지 않으리라 마음먹었다. 아니다. 금세 마음을 돌려먹었다. 그깟 멀미 장애물에 밀려 버스 여행의 즐거움을 포기할 수는 없다. 인생 얼마나 길다고 요리 빼고 조리 빼면 뭘 할 것인가. 수영도 자전거도 빠져 죽을까, 넘어져 다칠까 무서워 못하는 바보 겁쟁이가 이제는 멀미가 무서워 버스까지 못 타면 등신이다.

지독한 멀미도 외가로 가는 길을 가로막지 못했듯이 언제라도 멀미약을 먹고 나설 것이다. 멀미를 쫓아내는 남행열차, 소양강 처녀를 노래 부르고 웃고 떠들면서 관광 춤을 불사하고라도 관광 배, 아니 관광 비행기라도 있다면 어디든 자유를 찾아 먼 길을 떠날 것이다.

4

일상을 지우고 기억을 채우러 떠난다

빗방울

문희경 (9세, 1999년)

빗방울 아기가 소리없이
세상 구경 나온 날

해님, 달님, 별님도
길을 비켜 주십니다

빗방울 아기가 퐁당
물 속에 빠진 날

다음날에 이슬이 되어
수증기가 되어
하늘로 올라갑니다

엄마의 부엌

엄마에게는 늘 변변한 부엌이 준비되어 있지 않았다. 엄마는 불이 있고 재료가 있는 곳이면 장소는 개의치 않고 갖가지 음식을 차려냈다.

살던 곳이 상가건물일 때는 1층에서 2층으로 올라가던 계단 옆이나 층계참이 수납장이 되기도 하였다. 2층의 방 옆에 연탄아궁이가 있었는데 그 아궁이에 붙어 있는 작은 부뚜막에서 모든 요리가 이루어졌다. 키 낮은 아궁이 연탄불 위에서 아빠와 네 자식 입으로 들어갈 세 끼니 음식과 간식까지도 나왔다.

연탄불은 하나인데 어떻게 그리 가짓수 많은 반찬을 빠

르게 준비했는지 대단한 엄마였다. 석쇠에 태우지 않고 바싹바싹하게 김을 굽고 식구 수대로 고향 특산물 영광굴비까지 노릇노릇 굽고 나면, 엄마 얼굴은 연탄불 열기로 마치 홍당무처럼 벌겋게 달아올랐다.

명절이면 그곳에서 황태찜이며 상어까지 찌고 식혜까지 만들던 엄마는 내 눈에 요리왕이었다. 엄마가 연탄불 위에서 엉거주춤 구부정한 자세로 엉덩이를 내밀고 음식을 만들고 있으면 아빠는 그 곁을 그냥 지나치는 법이 없었다. '아니 무슨 냄새가 이리 맛나당가.' 하며 연신 엄마 엉덩이를 툭툭 건드리며 지나가셨다.

음식 하느라 바빠서 지쳤을 법도 한 엄마는 금세 애정 가득한 목소리로 '오메 당신 시장한갑소, 얼른 밥상 차릴 테니까 들어가 계세요. 애들아~ 밥 먹자~ 얼른 오너라, 아빠 기다리신다.' 하셨다. 그 광경은 두 분 애정표현의 한 장면으로 나의 뇌리에 깊이 새겨져 있다.

아빠의 무심한 듯 툭툭 쳤던 행동은 요즘 말로 엄마에 대한 최대의 애정표현이자 최상의 칭찬이었을 것이다. 아마도 아빠는 가족을 위해 엄마가 음식을 하느라 열중한 모습이 너무도 사랑스러웠나 보다. 부엌이라 하기에는 좁디

좁은 그 공간은 설명이 필요 없는 사랑의 보금자리였다.

내가 아주 어릴 적에 살았던 어떤 집은 그나마 가게와 연결된 안채에 자그마한 부엌이 있었다. 불 때는 아궁이가 따로 있었고, 방마다 연탄아궁이가 있었다. 반찬이 궁한 겨울이면 아궁이에 걸린 커다란 솥단지에는 돼지 뼈에 무를 숭덩숭덩 썰어 넣고 고춧가루를 풀어서 얼큰하게 만든 뼈다귀탕이 한솥 가득 끓고 있었다. 지금의 감자 뼈다귀탕과 비슷한데 감자 대신 무를 크게 썰어 넣어 맛이 깔끔하고 시원했었다. 겨우내 별미인 뼈다귀탕과 새콤새콤한 김장김치 그리고 노랗게 물든 단무지와 함께 온 가족이 밥상에 둘러앉아 맛나게 먹었다. 나는 첫애 임신을 하고 입덧할 때 메슥거려서 도통 음식을 못 먹고 있었는데 생각지도 않은 그 뼈다귀탕이 떠올랐다.

아기를 갖자 몸의 변화가 잠들어 있는 무의식을 먼저 건드렸는지 잊고 있던 음식이 의식의 수면으로 떠 오른 모양이었다. 엄마가 고향에서 올라오실 때까지 기다릴 수도 없고, 그렇다고 먹고 싶은 걸 참을 수도 없어서 급한 김에 엄마가 뼈다귀탕을 만들어서 한 통 가득 그 먼 데까지 보내 주셨던 기억이 난다.

그때는 택배도 없었던 때라 고속버스 아래 짐칸에 실어 보내면 버스 도착 시각에 맞춰 터미널에 사람이 직접 가서 짐을 찾아왔었다. 참 신기하게도 어릴 적 먹었던 엄마표 빼다귀탕을 먹자 입덧이 잦아들고 입맛이 돌아왔다. 엄마가 먹고 싶은 음식을 먹고 입덧을 수월하게 넘긴 덕분인지 우리 아기는 건강하게 잘 태어나서 지금은 빼다귀탕을 좋아하는 어른으로 자랐다.

나의 엄마는 이제 근사한 주방이 있는 아파트의 어엿한 주방장이다. 엄마에게 물어본다.

"엄마! 어때요? 주방이 널찍하니 음식 할 맛이 나시죠? 싱크대도 넓고 수납장도 많아서 너무 좋죠?"

하지만 엄마는 심드렁하다.

"넓어서 편하긴 하다만, 옛날이 좋았제, 좁아도 니들 아빠랑 니들 다 있을 때가 더 좋았제. 내가 만든 것마다 맛나다 맛나다 하며 게 눈 감추듯 먹어대던 제비 새끼 같은 내 새끼들! 지금은 내 한입 먹자고 이것저것 하기가 귀찮구나."

엄마의 눈은 어느덧 저 아득히 좁디좁은 부엌 속 사랑의 보금자리를 찾아 헤맨다.

“엄마! 엄마! 내가 만들면 넣을 것 다 넣고 간도 잘 맞추는데 왜 엄마가 만든 것처럼 맛깔스러운 맛이 안 날까? 우리 엄마 손맛은 여전히 살아 있다니까.”

엄마의 눈빛은 그제야 빛을 발한다. 나는 여전히 그 옛날 제비 새끼처럼 엄마에게 남편이 좋아하는 잡채랑 애들이 잘 먹는 오징어채 볶음과 멸치볶음 등등 이것저것 엄마표 음식을 주문한다. 엄마는 오늘도 넉넉한 사랑의 보금자리를 차지하고서 신바람 나게 엄마표 뼈다귀탕을 끓여놓고 우리를 기다리신다.

그 옛날처럼 우리를 부르신다.

“애들아~ 밥 먹자~ 얼른 오너라!”

희수 이야기

샌드위치에 쓸 요량으로 식빵을 사러 갔다. 진열된 빵을 둘러보다 옥수수 카스테라가 눈에 띄어 한입 맛있게 먹은 기억이 나서 집어 들었다. 구수한 옥수수를 갈아 넣어 '추억의 옥수수 카스테라' 이름을 가진 빵을 앉은자리에서 통째로 먹어 치웠다.

며칠 전 희수가 카스테라를 하나 사 와서 엄마도 먹어 보라고 하기에 한 입 베어 먹었던 빵이다. 일반 카스테라보다 풍미가 덜하고 식감도 덜 부드럽고 거친 느낌인데 묘하게도 맛있다. 추억 한 스푼 넣어서 반죽했나? 엊그제는 아이가 학교 끝나고 오는 길에 새로 나온 햄버거를 사

와서 먹는데 어찌나 맛있게 먹던지 구미가 당겨 또 한 입 얻어먹었다. 그것도 참 맛있었다.

원래는 햄버거를 별로 좋아하지 않아 내 몫으로 사 먹어 본 적이 없는데 한 입으로는 성에 차지 않아 다음에 하나 사 먹어야지 하는 생각이 들었다. 별일이다. 식성이 변했나. 그보다 이번 신메뉴 햄버거는 기존 햄버거의 팍팍하고 느끼한 맛이 덜하고 왠지 패스트푸드답지 않은 것 같다.

햄버거 빵 사이사이에 신선한 채소랑 쭉 늘어지는 쫀득한 치즈에 익힌 감자까지 곁들여져 있었다. 아이는 엄마가 햄버거를 좋아하지 않아서 하나만 사 왔는데 저번에 옥수수 카스테라도 좋아하더니 요즘 엄마가 식욕이 좋아졌나보다고 한다.

희수랑 나는 전부터 집밥을 잘 챙겨 먹는다. 둘 다 담백한 음식을 좋아하고 식성이 비슷한 편이다. 특히 아침에 과일을 먹으면 배가 사르르 아픈 것까지 체질이 닮았다. 이젠 아이와 바깥 음식 식성도 비슷해졌나 하고 기분이 좋다. 별걸 다 좋아하는 엄마다.

아이들과 무엇인가 통하고 싶어서 궁여지책으로 식성이라도 닮았다고 갖다 붙여대는 건 아닐까. 오죽하면 '발가락이 닮았다.'라는 소설이 있었을까. 어쨌든지 아이들이 맛있다는 건 나도 맛있게 먹고 싶고 아이들이 예쁘다고 하는 건 내 눈에 콩깍지를 씌우고 무작정 오케이 한다.

예전에 친정엄마가 내가 좋아하는 색깔은 무조건 엄마도 좋아하고 옷이며 음식도 나에게 골라 달라고 했던 심정을 이해하지 못했었다. 하지만 이제 내가 엄마가 되고 아이들을 키워보니 그때 엄마의 마음을 충분히 이해하게 되었다.

그것이 눈에 넣어도 안 아플 자식 사랑을 표현하는 엄마 마음인 것을 안다. 주위 사람들을 무장해제시키는 밝고 천진한 목소리와 다정한 미소를 지닌 사랑스러운 아이. 이렇게 예쁜 아이도 무엇이 맘에 안 드는지 가끔은 오만상을 찌푸리고 짜증 낼 때가 더러 있다.

그럴 때 '누굴 닮아서 요런 고약한 성질머리가 나왔나.' 하고 한마디 할라치면 곧바로 '그건 딱 엄마네요 엄마.' 하며 헤벌쭉 웃는다. 까칠한 성질머리라도 엄마를 닮아준 것이 다행인 건지, 그 대답이 싫지만은 않다. 웬 조화인지 나도 잘 모르겠다.

희수는 유난히 좋아하는 음식들이 있는데 그 이유를 물어보면 어릴 적 추억이 서린 스토리가 들어있다. 유치원에서 추석 무렵에 뾰족한 솔잎을 깔고 그 위에 쪄서 먹은 송편이 향기롭고 맛있었다고 한다.

그 후로 송편을 보면 그때가 생각나서 기분이 좋다고 한다. 선생님이 송편을 집에 가져가고 싶은 사람은 가져가도 된다고 해서 도시락에 싸서 할머니께 드렸다고 말하는 그 얼굴이 너무도 신이 나고 반짝거린다. 유치원 바자회 때는 호박을 사 왔더니 할머니께서 호박 나물을 해주셔서 지금도 호박으로 만든 음식을 좋아한단다. 꼭 애호박이어야 한다고 덧붙인다.

가을에는 산으로 소풍을 가서 선생님이 밤을 잔뜩 뿌려놓고 얘들아! 밤 주워라 하면 검정 비닐봉지가 빵빵해질 때까지 잔뜩 담아서 가져오느라 다음날 몸살이 났었다며 깔깔거린다. 새잘거리는 아이의 이야기를 듣고 있는 나조차도 흥이 난다.

요즘 동생네 시댁에서 대봉을 넉넉히 주셔서 홍시가 되

는 대로 하나씩 꺼내 먹는 재미가 쏠쏠하다. 홍시는 차갑게 해서 밤에 먹어야 제맛이라고 한다. 이 또한 어릴 적 할머니가 추운 겨울밤에 저녁 먹고 출출해질 때쯤 차가운 홍시를 줘서 맛있게 먹은 기억 때문이란다.

희수는 늘 이렇게 소소하고 행복한 추억을 간직하고 꺼내 보며 살아갈 것이다. 일하는 엄마의 빈자리를 아이들과 함께 해주신 어머니께 감사한 마음 중에도, 내가 아이들 어렸을 때 함께 누려야 할 시간을 나 대신 몽땅 가져갔으니 어머니는 정말 행복하신 분이라고 투정을 부린다.

가끔 엄마가 만들어 준 토마토 스파게티를 접시에 묻은 소스까지 싹싹 핥아먹던 모습이 얼마나 앙증맞던지 그 모습을 동영상으로 찍어 놓았다. 그나마 아이와 함께한 추억 하나를 증거품으로 남겨 놓은 것처럼 간직하고 들여다본다.

퇴근하여 현관을 들어서서 채 신발을 벗기도 전에 아이의 목소리가 먼저 엄마를 반긴다.

"엄마 오늘은 햄버거 사 오면서 츄러스 두 개를 사 왔는데 엄마 것도 하나 남겼어. 엄마도 츄러스 좋아하잖아. 초코 시럽을 듬뿍 찍어서 먹어봐."

아이의 환하게 웃는 얼굴이 이미 초코시럽 찍은 츄러스의 고소하고 달콤한 맛을 느끼게 하고도 남는다.

아! 어쩌면 희수도 엄마와 공유할 맛있는 입맛을 찾고 있었는지도 모른다.

사랑이라는 이름으로 요즘 희수엄마는 아이에게 어떤 맛있는 추억거리를 하나 더 보태줄 수 있을까 먹거리를 찾아 기웃거린다.

일상을 지우고 기억을 채우러 떠난다

적어도 나에게는 여행지가 어디인지 크게 중요하지 않았다. 비행기를 타면서 휴대폰 끄고 떠날 수 있다는 것만으로 여행의 이유는 충분하였다. 여행은 내가 책임져야 할 일에서 벗어나 멀리 도망가는 것이었다. 아무도 나를 찾지 않는 낯선 곳으로 데려가는 것이다.

비행기 이륙이 시작되면 복잡한 내 머릿속은 서서히 백지상태로 비워져 간다. 여행지에 도착하면 곧 새로운 기억으로 빼곡히 채워질 것이다. 그렇게 무작정 떠나는 여행은 가는 곳마다 당연히 그곳의 바다와 해변이 아름답고 감미로울 수밖에 없다.

작열하는 태양 아래 이국의 바다는 나를 자유롭고 들뜨게 하였다. 화려한 산호색 비키니를 입고 푸른빛 바다에 휩쓸려 파도와 껴안고 뒹굴었다. 순간 온몸의 세포를 열리게 하였다. 오롯이 나를 위한 시간을 내주었다.

까르르! 까르르! 눈부신 웃음소리로 파도는 부딪치고 해변의 모래는 더욱 반짝였다. 지천으로 널린 농익은 열대 과일의 달콤함에 취해서 힘겨운 일상을 버텨낼 기억을 채우고 돌아온다.

추위를 몹시 타는 나는 주로 겨울의 정점을 찍는 설 연휴를 끼고 따뜻한 휴양지로 여행을 떠났다. 비교적 비행기 타는 시간이 짧고, 허리에 무리가 없는 가까운 여행지를 선택하였다.

어디든 떠나는 것만으로도 설렜던 처음과 달리 점점 먼 곳까지 가고 싶은 욕심이 생겼다. 하지만 장시간 비행기를 타는 것은 허리 디스크 질환이 있는 나로서는 무리였다. 지난겨울 가까운 여행지가 미땅치 않아 떠나지 못했다.

겨울이면 다녔던 여행이 본능적으로 몸에 기억이 되는지 떠나지 못한 일상은 지루하고 답답했다. 버티다가 결국 여름휴가 때 이탈리아에 가기로 하였다. 막상 긴 시간 비행기를 타려니 걱정부터 앞섰다.

그렇다고 여행을 포기하고 싶지 않았다. 비용이 만만치 않았지만 눈 질끈 감고 비즈니스석으로 예약했다. 떠나던 날 비행기에 탑승하여 좌석으로 안내를 받으니 기대 이상으로 넓었다. 비즈니스석은 창을 네 개나 차지했다.

어디 아픈 허리뿐일까. 머리끝에서 발끝까지 쭉 뻗고도 남는 거리였다. 만약 허리에 문제가 없었다면 내 소비성향으로는 언감생심 비즈니스석을 넘보지 못했을 것이다. 얼마나 편하게 갈 수 있었던지 아픈 허리가 다 고마울 지경이었다. 로마까지 열 시간 이상 가는 동안 그야말로 신세계였다. 설령 대부분의 소비를 줄일지라도 비행기 좌석의 안락함만은 쭉 고수하고 싶은 심정이었다.

기다렸던 여름휴가가 시작되었다. 8월의 이탈리아 로마 날씨는 햇볕이 매우 뜨거워 더웠지만, 그늘은 시원하여 여행을 즐기기에는 무리가 없었다.

로마에 있지만, 세계에서 가장 작은 국가인 바티칸시국 투어는 이탈리아 여행의 꽃이다. 그곳의 건축물인 성 베

드로 성당에는 실제 가톨릭 교황이 거주하며 세계 가톨릭 모든 성당의 본 성당이라고 할 수 있다.

바티칸 박물관은 로마 문화의 집대성이라고 할 수 있을 만큼 유명한 작품들이 많다. 평소 책과 그림으로만 익히 보았던 조각, 미술, 유물 등 다양한 종류의 위대한 예술품을 직접 눈앞에서 감상하니 놀라웠다. 끝없이 높은 천장에 그려진 미켈란젤로의 대작 '천지 창조'는 눈을 뗄 수 없을 만큼 감동이었다. 그야말로 장관이었다. 로마에서 사흘을 머물며 명소를 관광하였다. 로마 대제국의 잔인함과 위엄을 보여주는 콜로세움은 그 거대한 규모에 들어가는 것만으로 압도되었다.

영화 '로마의 휴일'에 나오는 트레비 분수에 들러 기어코 동전을 던지며 영원한 사랑을 기대했다. 그곳에서 먹었던 시원하고 달콤한 젤라토는 더위에 지친 우리에게 여행할 힘을 재충전해주었다.

로마라는 도시에 친숙해질 즈음 떼르미니 역에서 기차를 타고 피렌체로 향했다. 3시간 정도 걸려 산타 마리아 노벨라 역에 도착했다. 기차역 근처 '그랜드 호텔 미네르

바'에 체크인하고 거리로 나왔다. 호텔 바로 옆에 산타 마리아 노벨라 성당이 있었다. 성당은 좌우 대칭 구조의 정교한 데칼코마니 기법으로 지어져 마치 그림처럼 아름다웠다. 이국의 오래된 건축물과 명소가 눈을 즐겁게 하고 마음을 열리게 하면서 신선한 충격을 준다.

호기심쟁이 탐구형인 나는 살아 숨 쉬는 현재 그 시간, 장소를 동물적인 감각으로 느끼고 직접 체험하는 것을 좋아한다. 호텔 미네르바의 골목길에서 만난 티본스테이크 레스토랑 '부카 마리오'에서의 저녁 식사는 풍미 가득한 와인을 곁들여 현지인이 된 듯 자유롭게 즐겼다.

무엇보다 커다란 티본스테이크는 우리를 깜짝 놀라게 했다. 직원들의 밝고 경쾌한 몸짓은 식사 분위기를 한층 고조시켰다. 이탈리아 대표 음식인 탱탱한 면발의 포모도르 스파게티는 본고장 스파게티 맛의 진수를 알게 했다.

어디서든 먹을 수 있는 해산물 리조또의 쫀득쫀득 씹히는 식감을 잊을 수 없다. 어쩌면 여행자가 된 순간 모든 오감이 저절로 열리는지도 모른다. 여행지에서는 숨 쉬는 것만으로 행복할 수도 있다.

다음 날 일찌감치 피렌체 여행의 목적지인 두오모 성당을 향했다. 성당을 향해 바삐 가던 내 발걸음을 붙잡고 눈길을 끌었던 것은, 자수 가게 쇼윈도 마네킹에 입혀놓았던 에이프런이었다. 그 유혹을 이기지 못하고 들어가서 베이지색 바탕에 와인색과 네이비색 테두리가 된 앞치마 두 장을 골랐다. 손재봉틀로 그와 나의 이름을 나란히 수놓았다.

신혼여행을 온 것처럼 설레었다. 우리 부부의 회혼식에 두오모 앞치마를 두르고 소박한 파티를 열어볼까? 그동안 모은 여행지 기념품과 함께 온갖 수다를 떨면서 말이다. 삼십 년 후 미래의 풍경이 미소 짓게 한다. 파티에 어울릴법한 찻잔 한 쌍을 사지 못한 것이 아쉽다. 이처럼 여행지에서 나는 가던 길을 멈추고 소소한 일상을 즐기곤 한다.

두오모 성당은 오랫동안 줄 서서 기다려 올라간 보람이 있었다. 어둡고 좁은 터널 같은 400여 개의 계단을 밟고 우뚝 올라선 구폴라에서 내려다본 도시 피렌체의 붉은 살색 지붕들은 무척이나 인상적이고 아름다웠다.

또다시 이탈리아에 가서 머무르고 싶은 많은 이유가 생겼다. 피렌체의 아름다운 베키오 다리를 눈앞에 두고 오래도록 바라보고 싶다. 그곳의 일출도 일몰도 함께하고 싶다. 어디서건 아름다움은 여행지를 통째로 사랑하게 만든다. 두오모 성당 가는 길 위에서 어슬렁거리며 상점들을 조금 더 자세히 들여다보고 구경하며 느린 발걸음의 시간을 갖고 싶다. 덤으로 모양 좋은 찻잔을 발견한다면 감사할 일이다.

로마의 스페인 광장 가는 길을 따라 걷다가 보면 '괴테'가 들락거렸던 250년 된 카페를 만나게 된다. 거리까지 풍기는 커피 향의 진한 유혹에 저절로 발길은 카페로 향할 것이다. 그곳에서 치명적인 맛과 향의 에스프레소 한 잔은 당신이 로마를 영원히 기억하게 할 것이다.

‘함께 또 따로’ 제주

여름휴가로 제주에 왔다. 남편과 큰애 휴가 일정에 맞췄다.

네 식구 다 같이 제주에 온건 참 오랜만이다. 그때는 겨울이었고 지금은 습기가 많고 무더운 여름이다. 더군다나 어린아이였던 딸 둘은 쑥 커서 성인이 되었다. 하여튼 애들과 함께라면 어디인들 좋지 않을쏘냐.

남편은 떠나기 전날 아침부터 캐리어를 꺼내놓는다. 짐 챙기라고 야단이다. 휴가 첫날이라 느지막이 일어난 딸애는 아빠가 들떴나보다고 한다. 그런가? 짐짓 나도 동조한다. 하지만 중요한 나의 여행 준비는 이미 마친 상태라 급할 게 없다.

며칠 전 과감히 머리카락을 탈색하고 손발톱에 꽂히는 색깔로 매니큐어를 발랐다. 여행을 위한 칼라 체인지. 그것만으로도 준비는 충분하였다. 하지만 웬걸. 부부 공동 캐리어에 내 옷으로 가득 채워 넣었다. 2주일은 버틸 것 같은 많은 옷에 남편은 어이없다고 한다. 아랑곳하지 않고 나의 기분은 일찌감치 여행 모드가 되었다.

다음날 비가 온다는 예보가 있어서 제주 도착한 첫날 일정을 빡빡하게 잡았다. 이틀은 동북쪽 해비치 리조트에 묵을 예정이라 우선 숙소를 중심으로 근거리 맛집과 관광지가 여행코스였다.

출발 전 공항에서 샌드위치 한 개를 먹고 제주 도착 후 렌트한 자동차로 예정되었던 고기국수 가게로 직행했다. 식사시간이 어정쩡해서인지 대기 없이 바로 자리에 앉을 수 있었다. 고기국수 국물을 한 숟가락 떠먹어보니 걸쭉한 사골육수 같은 일본 라멘 맛으로 돼지 삼겹살이 들어 있다.

비빔국수는 쫄면을 연상시켰는데 면에 역시나 돼지 삼

겹살 수육을 고명처럼 몇 점 올려놓았다. 제주만의 독특한 국수를 먹고서 가게 앞 벤치에 한가하게 앉아 있으려니 파란 하늘과 거리의 낯선 상점들이 눈에 들어오며 여행을 실감나게 한다.

해바라기 테마파크인 김경숙 해바라기 농장을 방문하였다. 입장권 3천 원으로 해바라기 꽃밭과 주변 풍광을 구경하고, 입장권을 농장에서 생산한 해바라기 상품으로 교환할 수 있었다. 아이디어가 좋았다.

판매대에 농장주가 직접 나와 있다. 우리는 볶은 해바라기 씨와 해바라기 기름을 사용한 뻥튀기로 교환했다. 더위 탓에 해바라기 꽃밭에 오래 머물지 못해서 아쉬웠지만, 수만 송이 노란 해바라기 꽃에 파묻혀 보는 것으로 만족해야 했다. 샛노란 티셔츠를 입고 찍은 내 사진의 선글라스는 마치 해바라기 꽃에 콕 박힌 까만 씨앗처럼 보여 우스웠다.

날씨가 습하고 너무 더워서 우려대로 제주 여름휴가는 쾌적하기는 힘들 듯하다. 그런데도 우리는 이 휴가를 최대한 즐겨야 한다.

다음 코스는 전복식당으로 오후 2시쯤 도착하니 대기줄이 무진장하다. 가히 맛집의 유명세가 대단하다. 3시 55분까지 오라고 번호표를 준다. 기다리는 시간 동안 다녀오려고 가까운 비자림으로 향했다. 비자나무 숲은 처음이다. 비자나무 잎은 잎줄기 양쪽이 촘촘하게 갈라져 마치 머리 빗는 빗처럼 생겼다.

안내판에 비자나무 잎이 한자 '아닐 비' 자 모양과 닮았다고 하여 비자나무라 부른다고 적혀 있다. 잎을 확인해보니 다른 나무와 확연히 달라 비자나무를 구분할 수 있게 되었다.

잎을 따서 비벼 코끝에 대어 보니 시트러스 향 계열인 듯 향기가 상쾌하다. 열매도 동그라니 예쁘다. 어찌나 덥던지 숲으로 들어가는 초입부터 지쳤다. 비자나무 숲 산책은 겨우 흉내만 내고 돌아 나왔다.

남편이 출입구 옆 카페에 가서 쉬었다 가자고 한다. 우리 중 유일하게 카페를 본 모양이다. 아직도 의외의 구석이 많은 남자다. 그냥 지나쳤으면 아쉬울 정도로 카페 '비자나무 숲'은 아기자기하고 예뻤다. 내 취향저격이다. 땀도 식히고 감성 또한 충만해져 번호표 받아놓은 전복식당으로 향했다.

전복돌솥밥, 전복죽, 전복구이를 주문했다. 고소한 전복죽과 쫄깃한 전복구이가 맛있다. 애들은 단호박이 들어있는 전복돌솥밥이 맛있는 모양이다. 한 그릇 뚝딱 비우고 누룽지까지 먹는다.

새벽 5시에 일어나 여태 길 위에서 강행군하니 모두 피곤한 기색이 완연하다. 차로 이동하는 사이사이 잠에 취해 비몽사몽이다. 운전병 남편은 잘도 견딘다. 호텔에 도착해 좀 쉬고 나자 저녁에는 프렌치 레스토랑 '밀리우'가 기다리고 있었다.

대나무로 만든 아치형으로 각각 독립된 공간이었다. 자연 친화적이고 아름다웠다. 메뉴 중 6코스를 주문하였다. 음식이 나올 때마다 직원의 자세한 설명이 이어졌다. 식사 시간은 대략 3시간 가까이 걸렸다.

코스요리는 입이 아니라 눈으로 먹은 것 같았다. 그만큼 아름답고 특별한 그림 같은 음식이었다. 우리는 숙소에 돌아와 씻기가 무섭게 그야말로 혼수상태가 되어 곯아떨어졌다. 가족들의 다양한 코 고는 소리에 둘째는 방을 나와 우리를 피해 거실 한구석에 이부자리를 깔았다.

아침부터 천둥 번개 치는 소리가 요란하더니 비가 억수로 내린다. 늘어지게 자고 표선에 있는 가까운 카페로 이동했다. 비가 얼마나 많이 퍼붓던지 우산이 있는데도 차에서 내리지 못할 정도다. 겨우 카페 출입문에 차를 바짝 대고 뛰어 들어갔다.

빗속의 카페에 앉아 빗속의 바다를 바라보며 베이글과 커피 한 잔으로 아침을 먹었다. 여행 중에 일상과 또 다른 평온함을 느낀다. 오늘은 뭘 하며 보낼까 검색해보니 30여 분 거리에 정원이 아름다운 '그림상회'라는 갤러리 카페가 뜬다. 비가 오락가락하기에 출발하였다. 나선 지 10여 분만에 호우 주의보로 바뀌더니 폭우가 쏟아져 도로 위에 빗물이 흘러넘친다.

애들은 숙소로 돌아가지 못하면 큰일이라며 되돌아가자고 한다. 대책 없이 나는 '그럼, 거기서 자면 되지.' 했지만 앞일을 알 수 없어 사실 불안이 커진다. 결국, 차를 돌려 호텔로 돌아왔다. 점심을 먹고 나니 그새 비가 그쳤다. 이쯤에서 가족 의견이 엇갈린다. 결국, 가족 네 명의 한 팀 여행은 두 명씩 두 팀으로 나뉘었다. 애들 팀은 호텔 수영장에 즐기러 가고, 부부 팀은 비가 와서 포기했던 카페 '그림상회'로 다시 출발했다. 애들이랑 떨어져 마음이 조금 아쉬웠지만 금세 털어버렸다.

가족이라는 이름으로 언제나 함께해야 할 필요는 없었다. 여행이든 인생이든 때로는 서로 다른 길을 돌아 다시 만나는 기다림의 시간이 필요한 것 같다.

내일도 모레도 우리 가족은 서로의 개성과 취향을 존중하며 '함께 또 따로' 길 위에서 여행을 계속할 것이다. 더불어 우리 앞에 놓인 수많은 인생 여행 얘기 또한 다양하고 풍성해질 것이다.

샌프란시스코

_음성인식 메모

샌프란시스코가 너무 좋아. 깨알 같은 이야기가 있는 이 도시가 좋다. 샌프란시스코의 향이 너무 좋아. 유니언 스퀘어 광장을 지나서 트램을 타고 세상에 왔다.

쌀쌀한 기운이 느껴지는 전형적인 가을 날씨다. 청량감이 느껴지는 이 차가운 공기가 좋다. 나는 이런 날씨가 좋다. 생생한 느낌이 정신을 번쩍 들게 한다.

거리에서 아기를 안고 노래를 부르는 버스킹 아빠에게 마음으로 응원을 보냈다. 이런 정서를 느끼게 해주는 샌프란시스코 좋다. 해가 넘어간 샌프란시스코의 밤하늘에 정말 커다란 보름달이 떴다. 말할 수 없을 정도로 커다란 보름달이다. 생전 처음 보는 크기이다. 달은 내 바로 앞에 커다랗게 떠 있다.

샌프란시스코는 하늘과 무척 가까운 모양이다. 달이 그림처럼 커다랗게 눈앞으로 달려든다. 나는 지금 달 속으로 걸어가고 있다. 나 지금 달려서 달 속으로 뛰어든다. 나는 얼룩말 줄무늬 원피스를 입고 있다.

'피에르 39'라고 쓰여 있는 건물이 있다. 이것은 무엇일까. 메모 기능에 음성인식 기능이 너무 정확하다. 아 정말 세상은 우리에게 편리하게 변했다. 내가 좀 더 젊었더라면 좋겠다. 지금부터라도 영어를 배우는 게 좋을까.

자유롭고 다양한 삶을 위해서 샌프란시스코는 다시 가보고 싶은 곳이다. 일상을 떠나 이렇게 낯선 곳 어딘가를 헤매는 것이 내 마음을 설레게 한다. 나는 왜 여기 있는 걸까. 나의 인생을 살고 있는 걸까. 지금 바로 사진을 찍어 줘. 안전한 곳에서 때로는 멋대로 논다. 행복과 자유를 찍는다.

2층에 있는 크랩 하우스에 도착했더니 대기 시간이 길

다. 아래층 초콜릿 가게에서 구경하며 선물도 사느라 한 시간이 후딱이다.

마늘 소스 게 한 마리, 해산물 스튜 하나, 맥주 두 잔. '아빠 속이 안 좋아서 조금만 시켰어.' '여기는 어떻게 알았어?' '검색해서 알았어. 사람들 맛집으로 소문났어.' '먹어보면 알겠지.'

중국 여자들이 결혼반지를 잃어버렸다며 허겁지겁 우리 테이블로 찾으러 온다. 이미 정리하고 우리가 앉은 뒤다. 게 먹다가 게 맛에 홀려 결혼반지를 게 껍질과 함께 버린 것일까. 아깝겠다. 찾을 길이 묘연하다. 식당의 그 많은 게 껍질을 다 뒤져야 할까.

'오!' 드디어 크랩 한 마리를 가져다 놓는다. '와! 너무너무 크다.' 우리가 다 먹을 수 있을까 싶을 정도로 어마어마한 크기다. 샌프란시스코에는 큰 것이 많다.

노숙자가 많아 라스베가스에서처럼 늦게까지 놀 수 없는 게 섭섭하지만, 안전을 위하여 숙소로 일찍 돌아가기로 하였다. 올 때는 케이블카를 타고 왔는데 택시를 타고 호텔까지 16분이면 되었다. 케이블카가 관광용으로 잠깐 타는데 1인당 8달러나 되었다. 하지만 샌프란시스코의 명물이니 한번은 타 볼만하다. 덕분에 두고두고 기분 좋은 기념사진도 남았다.

샌프란시스코 둘째 날 날씨가 정말 청명하다. 나는 초반에 반짝 기운이 살아서 아이들 사진을 찍고 신났다.

9시, 해는 쨍쨍하고 기분은 즐겁다. 도시 한가운데 낯선 소음이 나를 흥분시킨다. 오히려 나의 상상력을 발동시킨다. 화이트 사람 모양의 신호등 있는 건널목을 건넌다. 우리는 지금 어디로 가는 걸까.

발걸음을 따라 또다른 시간을 걷는 것이다. 신호등의 빨간 손바닥이 우리를 저지한다. 기분 좋은 카페를 찾아 나선다. 우리는 같은 컬러. 두 아이는 카키 버버리, 남편은 카키 패딩, 나는 지금 배낭에 카키 모자가 들어있다.

지나는 길에 노숙자가 참 많다. 그새 노점을 차려 놨다. 샌프란시스코의 아침은 분주하다. 여잔지 남잔지 알 수 없는 골드와 실버가 뒤섞인 긴 머리카락을 앞으로 늘어뜨려 얼굴을 가리고 다닌다. 아마 긴 머리는 햇볕 차단용인 모양이다.

어디나 마음대로 사는 샌프란시스코가 점점 좋아진다.

아가가 탄 유모차를 끌고 가는 아랍계 여행자가 보인다. 아이들 종아리가 경쾌하다. 여행지에서는 평소에 입지 않는 원피스랑 스커트를 즐겨 입는다. 여행은 한결 가벼워진다.

우리는 낮에는 친구, 밤에는 부부로 돌아온다. 낮 동안 좋은 길동무여야 즐겁게 지낼 수 있다. 거리의 낯선 간판들, 색깔들이 재밌다. 하늘에 비행기가 지나간다. 하얀 비행기, 거리에는 노숙자 차림 할아버지, 영국 신사 같은 정장 차림의 아저씨, 우리 같은 여행객으로 지구의 사람들이 모여 있다.

냄새들, 온갖 냄새도 뒤섞여 있다. 카페에 아이들이 들어간다. 날씨는 예상외로 덥다. 11도에서 21도라고 했는데 걷는 동안 몸이 더워진다.

'뭐야 이름이?' 민트모히또 따뜻한 아메리카노 한 잔 차가운 카페 라테 한잔. 우리는 각양각색 커피 석 잔으로 행복한 아침을 맞이한다.

이 가게 안에 동양인은 우리뿐이다. 내가 뭐라고 말해도 아무도 알아듣지 못할 것이다. 딴 거 시킬까? 빵도 시킬까? 스콘도 있고 베이글도 있다. 아몬드 크로와상, 시즈

널 스콘, 시나몬 트위스트, 크림치즈 데니쉬. 카페가 엄청 시끄럽다.

빵 주문받는 여직원의 머리카락 색깔이 컬러풀하다. 옆머리는 정수리 빼고 물들였고, 앞머리는 끝만 초록으로 물들였다. 민트모히또 마신 입술을 만져보니 그 향이 아주 진하다.

젊은이들처럼 여행하고 싶은데 이미 난 너무 늙었다는 생각이 스친다. 브랜드 신발도 옷도 지금은 편치 않다. 킬힐도 젊을 때 신어 볼 일이다. 하고 싶은 게 많은데 맘대로 되지 않아 슬프다. 행복한 중년, 노년을 위해 나는 어떻게 살아야 할까.

햄버거가 엄청나게 맛있어서 금세 기분이 좋아졌다. 갈릭 포테이토, 패티 두 장, 셰이크. 세포라에서 세 여자는 화장품을 잔뜩 사고 메이시스 백화점에서 내 청색 원피스 사는 것으로 마무리한다.

샌프란시스코의 금요일 오후 8시, 호텔 라운지에서 차가운 맥주를 마신다. 마지막 날이다. 잠시 후 샌프란시스코공항으로 떠난다.

추억탕
_추어탕과 함께 추억 속으로

봄기운이 완연해진 어느 토요일 퇴근길이었다. 언제 추웠냐는 듯 계절은 어김없이 봄이었다. 따뜻해진 날씨에 새순이 올라와 나뭇가지들은 생기가 돌고 여기저기 다투어 꽃망울이 맺히기 시작하였다. 주변 경치에 마음을 빼앗긴 채 어디론가 멀리 떠나고 싶은 날이었다.

연신 봄날을 구경하며 내다보던 차창 밖 가로수 사이로 '추어탕' 간판이 '휙' 스쳐 지나갔다. 아침도 거르고 점심때가 다 되어서 순간 시장기가 돌았다.

얼른 운전 중인 남편에게,

"우리 추어탕 먹으러 갈까? 추어탕 집 금방 지나쳤는데 유턴하기 어렵겠죠?"

은근슬쩍 말을 띄웠다. 역시나 남편은 좀 빨리 말하지 그랬냐며 되돌리기 힘들다고 한다. 서운해질 찰나 올림픽 공원 쪽에 깔끔한 추어탕 집을 알고 있으니 거기로 가자고 하였다. 별로 멀지 않으니 그 정도는 허기를 참을 만하여 다행이었다.

"오케이 고! 추어탕 집으로."

금강산도 식후경이라고 추어탕 한 그릇을 얼추 비우고 나자 그제야 음식점 내부가 눈에 들어왔다. 둘러보니 깨끗하고 단정하였다. 특이하게도 벽면에 '추어탕 맛있게 먹는 법'을 설명해 놓은 기다란 액자가 걸려 있었다.

액자의 글귀 중 '추어탕'이라는 글자를 보는 순간 이상하게 추어탕이 '추억탕'으로 읽혔다. 추어탕의 '어' 자에 'ㄱ' 받침을 붙이면 '추억탕'이 되는 말장난이었다. 참 재미지고 엉뚱한 발상이었다. 내 입가에는 미소가 피어오르며 추어탕과 함께 추억 속으로 빠져들었다.

액자 속의 '추어탕'을 '추억탕'이라고 읽으니 고등학교

동창 경숙이가 생각났다. 신혼 시절 보금자리였던 경기도의 소도시는 고향과 동떨어져 처음 와 본 낯선 곳이었다. 아는 사람이라고는 아무도 없어서 친구가 그리웠다.

그곳의 한 아파트 단지에서 우연히 경숙이를 만났다. 친구도 결혼하여 남편 직장과 가까운 곳에서 생활하고 있었다. 나는 돌이 막 지난 딸을 유모차에 태우고 친구는 몇 개월 빠른 아들의 손을 잡고 있었다. 우리는 머나먼 타향에서 뜻밖의 만남이 너무 반갑고 신기하였다. 아이들과 우리는 금방 친해져서 서로의 집을 오가며 매일 즐겁게 잘 지냈다.

살림은커녕 아이 하나 키우기도 벅차던 나에 비해 친구는 아들 대소변 가리기는 물론 살림도 야무지게 잘 해내고 있었다. 아이 키우는 일과 이것저것 살림살이 요령도 배울 것이 많았다. 마치 언니를 둔 것처럼 든든하였다.

그날도 저녁거리로 무엇을 하나 걱정하던 중이었다. 친구네는 오늘 저녁 식사로 추어탕을 끓여 먹을 거라고 했다. 나는 대뜸 '어머 어떻게 꿈틀거리는 미꾸라지를 직접 요리하니?' 하며 깜짝 놀랐다. 추어탕을 집에서 만들어 먹는 것은 감히 상상도 할 수 없는 일이었다.

친구는 대수롭지 않게 추어탕이 몸에 좋다는 말과 함께 남편이 좋아해서 자주 끓여 먹는다고 했다. 그 말을 들으니 요즘 남편이 피곤해하는 것 같아 귀가 솔깃해졌다. 까짓것 나도 추어탕 끓이는 법을 한 수 배워서 남편 몸보신을 좀 시켜 주고 싶었다.

내 말이 떨어지기 무섭게 친구는 흔쾌히 자기가 도와주겠다고 나섰다. 그날 우리 집 저녁 메뉴는 추어탕으로 정해졌다. 곧장 우리는 근처 재래시장으로 추어탕을 끓일 미꾸라지를 사러 갔다.

아장아장 걷는 갓난아기 둘까지 데리고 복잡하고 왁자지껄한 재래시장에 갔던 우리는 그때 참 젊고도 씩씩했다. 무엇이든 하고 싶었고 마음만 먹으면 무엇이든 할 수 있으리라 믿었던 나이, 용감무쌍한 이십 대였다.

아직 제대로 걷지도 못하는 아이를 안고 시장 안에서 친구를 졸졸 따라다녔다. 친구가 고르는 대로 자연산 미꾸라지를 사고 추어탕 끓일 장을 봐서 집으로 돌아왔다.

그런데 이제부터가 큰일이었다. 까만 비닐봉지 속에 살아서 마구 꿈틀거리는 저것들을 어떻게 하나 걱정이 태산이었다. 걱정하는 나와는 상관없이 친구는 마치 우리 집이 제집인 양 추어탕 끓일 준비에 들어갔다.

많이 해 본 솜씨였다. 나는 친구만 믿기로 하였다. 친구는 가스레인지 위에 커다란 스테인리스 찜통을 올려놓았다. 그 속에 요동치는 미꾸라지와 참기름을 듬뿍 넣고 가스 불을 켜고, 두 손으로 찜통 뚜껑을 힘껏 누른 채 우당탕 요란한 소리를 내는 미꾸라지의 움직임이 잠잠해질 때까지 기다렸다. 참기름과 함께 미꾸라지들끼리 서로 부딪쳐서 저절로 볶아지는 것 같았다. 친구가 분주히 움직이는 동안 나는 찜통 속에서 행여나 미꾸라지가 튀어나올까봐 겁을 집어먹고 멀찍이서 쳐다보고 있었다.

한 폭의 수채화처럼 그날 우리들의 모습이 눈앞에 아른거린다. 제대로 추어탕을 끓여서 남편 몸보신을 잘 시켰는지 알 길이 없지만, 싱그러운 젊은 날의 추억은 향기롭게 남아있다. 추어탕과 함께 추억으로 떠오른 친구 경숙이가 무척이나 보고 싶은 봄날이다.

자장가 주크박스

희수가 학교에서 돌아왔다. 밤늦은 시간이다. 요즘 교수님 연구일이며 본인 논문 준비로 매우 바쁘다. 배가 고파 얼굴만 씻고 식탁에 앉는다. 밥을 먹으면서 그날의 일을 조잘거린다.

오늘 교수님이랑 레스토랑에서 점심을 먹었는데 피아노 소리가 들리더란다. 너무 익숙한 곡이라 귀 기울여 들어보니 자장가였다고 한다. 엄마가 늘 불러 주었던 자장가라서 반갑고 기분 좋았다고 한다. 신기하게도 가사를 모두 기억했다. 애들 어릴 적 잠자리에서 불러 주었던 모차르트 자장가다.

잘 자라 우리 아가
앞뜰과 뒷동산에
새들도 아가 양도
다들 자는데
은구슬 금구슬을
보내는 이 한밤
잘 자라 우리 아가 잘 자거라

자장가를 부르다가 엄마가 졸린다. 자라는 애는 자지 않고 종일 일하고 온 엄마가 먼저 잠이 든다. 가만가만 토닥이는 손바닥이 멈추면 아이는 엄마를 불러 확인한다. 엄마는 깜박 잠이 들었다가 놀라 자장가를 부른다.

나중에는 '왜 안 자니?' 하고 아이를 재촉한다. 엄마는 빨리 재우려고 하지만 낮에 엄마를 못 본 아이는 조금이라도 더 함께 있으려고 잠을 자지 않으려고 애쓰는 것 같다.

자장자장 손바닥은 아프고 자장가를 무한 반복하다 보면 어느 겨를에 둘 다 잠이 든다. 매일 밤, 의식을 치르는 것처럼 아이들 초등학생 때까지 자장가를 불렀나 보다.

희수가 '엄마는 그때 자장가 주크박스였어.'라고 말한

다. 낮에 들었던 피아노 자장가 연주에 저렇게 행복한 아이 얼굴을 보면서 엄마의 자장가는 대단하구나 싶다. 저녁을 먹고 즉석에서 갈아 준 망고 요거트까지 흡입하고 난 뒤 아이는 제 방으로 들어간다.

엄마의 자장가와 토닥이는 손바닥이 없어도 잘 자는 어른이 되었다. 좋아하는 강아지 인형 '멈멈이'와 함께 좋은 꿈을 꾸겠지. 돌아서는 엄마는 조금 허전하지만.

희수의 자장가 얘기에 내 할머니 생각이 난다. 아기 때 잠투정이 심했던 나는 할머니가 등에 업고 밖으로 나가야만 잠이 들었다고 했다. 매일 밤 캄캄한 시골 동네를 돌면서 할머니는 아기가 잠들 때까지 숱하게 자장가를 불렀을 것이다.

검둥개야 짖지 마라 우리 아기 잠을 깰라
앞집 개야 짖지 말고 뒷집 개도 짖지 마라
자장자장 우리 아기 자장자장 잘도 잔다

겨울밤에도 어김없이 동네를 몇 바퀴씩 돌았다고 하니

아기 발이 동상에 걸릴 만도 했다. 지금은 눕기만 해도 잠이 드는 걸 보면 아기 적 들었던 할머니의 자장가가 아직도 효과가 있나 보다. 이다음에 내가 할머니가 된다면 또 다시 행복한 자장가 주크박스가 될 것을 꿈꿔본다.

천사의 미소

"오늘 엄마 기분이 별로야!"

"엄마~ 나도 그래, 기분이 좋지 않아"

난 화들짝 놀란다. 내 기분은 순식간에 어디로 가고 아이 안 좋은 기분이 내 기분이 된다.

무슨 일 있었어? 원래 저녁 먹고 온다고 하더니 일찍 왔네.

응, 친구 중에 학생회 일을 하는 친구가 있는데 학생회에서 오늘 일일 호프집을 하거든, 그래서 며칠 전에 친구들이랑 함께 거기 가기로 약속했었어. 수업이 네 시쯤에

끝나서 기다려야 하는데 갑자기 날씨가 추워져서 친구들이 집에 가버린 거야.

한 친구는 생리한다고, 한 친구는 그냥 집에 빨리 가고 싶다고, 한 친구는 옷을 얇게 입어서 춥다고, 모두 집에 가 버렸어.

"혼자라도 가지 그랬니?"

"아니 술집인데 혼자 어떻게 가? 나도 할 수 없이 집에 오게 됐어."

"예쁘게 하고 갔는데 못 가서 속상한 거야?"

"아니 그건 괜찮아. 근데 호프 하는 친구가 속상하고 섭섭할 것 같아서."

말을 하는 딸아이의 눈에는 눈물이 글썽거렸다. 이 아이는 이토록 마음이 여리고 사랑스럽다. 오늘 호프집에 못 간다고 그 친구에게 알렸더니 다른 친구들은 어떻게 됐냐고 물어서 마음 약한 딸아이가 사정을 이야기하게 되어 난처했었나 보다.

사전에 친구에게 못 간다고 연락하지 않고 약속을 어기

고 가버린 다른 친구들에 대한 야속함과 실망감에 아직 어린 딸은 뭐라 말할 수 없는 상처를 받은 듯하다. 친구들에 대한 신뢰감이 깨지고 어쩔 수 없이 딸까지 약속을 저버린 사람이 되어서 무척이나 속상한 듯했다.

그렇다고 친구들과 멀리할 수도 없는 일이니 딸은 아마도 지금 온실 같은 가정을 떠나 세상 속의 인간관계를 배우는 중일 것이다. 씩씩하게 세상 속으로 나가기 위해 많은 일을 겪으며 때로는 불안한 시기를 지나면서 불의에 타협하기도 하고 맞서기도 하면서 자신을 확립해 나갈 것이다.

나에게 온갖 이야기를 하고도 친구에게 미안한 마음을 어쩌지 못하고 딸은 제 방으로 들어갔다. 잠시 후 '엄마.' 하고 부르는 딸의 얼굴은 미소가 가득했다. 호프 장사하는 친구에게 전화해서 못 가서 미안하다고 다시 한번 이야기하고 일일 호프는 잘되고 있냐고 물었더니 그 친구가 아주 밝은 목소리로 괜찮다고 해서 정말 다행이라고 한다.

내 딸은 오늘 같은 예기치 않은 경험으로 함께한 약속과 타인에 대한 배려에 대해 깊이 생각해 볼 기회가 주어졌고 친구 관계도 좀 더 성숙해질 것이다.

세상은 그 애들이 원하고 기대한 대로 늘 잘 되거나 녹록하지는 않겠지만 그렇다고 미리 제풀에 꺾여 나동그라질 필요는 없다. 누가 가르쳐주지 않아도 그들의 경험과 실패는 멘토가 되어 그들을 단단하게 만들 것이다.

그리하여 세상은 나름으로 재미가 있고 도전해 볼, 살아내 볼 가치가 있다는 것을 머지않아 깨달을 것이다. 지나간 시간을 빨리 떨쳐 버릴수록 다가올 세상은 내편이며 더 많은 기회를 붙잡을 수 있을 것이다.

이제 딸은 얼굴 가득 미소를 띤 채 내 옆에서 맛있는 홍시를 먹으며 오로지 그것이 전부 인양 참새처럼 조잘거린다. 비 온 뒤 더욱 맑고 깨끗해진 하늘처럼 내 아이의 미소는 싱그런 천사의 미소다. 한결같은 천사의 미소를 볼 수 있다면 그보다 더 좋을 순 없을 것이다.

비단 나뿐이랴 이 세상 모든 엄마 마음이 그러할 것이다.

특별한 꿈과 인연

친구 순이와 나는 아무리 생각해도 특별한 인연이다. 그 애와 전생에서 과연 어떤 관계였을까? 혹시나 쌍둥이 자매였을까? 대학을 다닐 때만 해도 전공과 동아리가 같았지만, 추억이 남을 만큼 친한 사이는 아니었다.

대학 졸업 후 우리는 서울에서 직장 생활을 하던 한 선배를 통하여 취업하였다. 그 와중에 생각지도 않게 함께 자취하게 되었다. 방 하나를 세 얻어서 이 년 남짓 같이 살다 살림살이를 친구에게 넘기고 내가 먼저 결혼하여 떠났다.

그 후 서로 연락도 없이 지내다 갑자기 친구 꿈을 꾼 다음 전화를 하였다.

"순이니? 그동안 잘 지냈지?"

"응! 오랜만이야. 나 다음 달에 결혼하는데 소식 듣고 전화했니?"

"아니야. 어젯밤 꿈에 네가 보여서 전화했어. 너 혹시 결혼 날짜가 17일이니?"

"맞아. 다음 달 17일이야. 어떻게 알았어? 누구한테 들었니?"

순간 소름이 쫙 끼쳤다. 이럴 수가! 깜짝 놀라 친구에게 꿈 얘기를 했다.

어젯밤 꿈에 친구랑 둘이 어느 노점에서 액세서리를 고르고 있는데 느닷없이 노점단속반이 떴다. 다급했던 주인이 지금 손에 들고 있는 것은 무조건 그냥 가져가라고 하였다. 그때 친구 손에는 17만 원짜리 팔찌가 쥐어져 있었다. 그 당시 17만 원이면 어마어마한 큰돈이었다. 넌 좋겠다고 몹시 부러워하며 꿈을 깼는데 너무나 생생하여 예사롭지 않았다. 친구에게 좋은 일이 생겼을 것만 같았다. 지금처럼 핸드폰이 있었던 때가 아니어서 전화한 지가 언제인지 까마득했다.

친구 직장으로 연락하여 어렵사리 통화했더니 그 꿈은 놀랍게도 친구 결혼에 대한 예지몽이었다. 그것도 결혼 날짜까지 맞췄다. 친구는 9월 17일에 결혼한다고 했다. 어떻게 그런 꿈을 꾸었는지 신기하기만 했다.

친구가 결혼하고 집들이에 초대하여 남편이랑 다섯 살 된 딸을 데리고 갔다. 친구 남편은 훤칠한 키에 인물도 잘생기고 서글서글한 성격으로 그야말로 꿈속에서 보았던 팔찌처럼 보물이었다.

집들이 초대 손님들을 접대하는데도 여유 있고 편안하며 친구에게는 다정다감한 모습에 부러운 마음이 들 정도였다. 희한하게도 친구와 나의 남편은 나이와 전공도 같으며 회사 이름만 다를 뿐 둘 다 석유 화학 분야에 종사하고 있었다. 공통점이 많은 두 사람은 첫 대면인데도 서로 대화할 소재가 많아 쉽게 친밀해졌다.

그 후 이 년쯤 흘렀다. 또 그 친구의 특별한 꿈을 꾸게 되었다.

꿈속에 푸른 잔디가 깔린 동산에서 친구가 서너 살쯤 돼 보이는 사내아이를 꼭 끌어안고 있었다. 빠져나가려

발버둥 치는 아이를 필사적으로 붙잡고 있었다. 안타까운 마음에 나도 모르게 발을 동동거렸다. 아이가 친구의 품 속에 무사히 안겨 있는 것을 보면서 나는 잠에서 깼다. 친구에게 무슨 일이 있을 것 같은 예감이 왔다. 다음 날 친구에게 전화하여 물어보았다.

"순아! 너 혹시 아기 가졌니?"

"응! 어떻게 알았니? 자꾸 유산이 되어서 이번에는 아무한테도 얘기 안 했는데."

"네 꿈을 꿨어. 잘 될 테니 너무 걱정하지 마. 아마도 건강한 아들일 거야."

어젯밤 꿈 이야기를 들려주며 그동안 잦은 유산으로 마음고생을 심하게 한 친구를 안심시켰다. 꿈에서 본 대로 친구는 그 뒤 무사히 아들을 출산하였다.

오랜만에 친구를 만났다. 전화 통화는 간간이 하지만 서로 직장이 있고 한창 아이들 키우기 바쁠 때라 시간 내기가 쉽지 않았다. 우리는 초록으로 우거진 여름날, 공원 벤치에 앉아 그간 밀린 이야기로 시간 가는 줄도 몰랐다. 친구 남편이 발령이 났다고 한다. 듣고 보니 발령지가 내 남편이 근무하고 있는 대전이다.

“어머나! 잘되었네. 둘이 나이와 직업도 같으니 남편들도 우리처럼 친구로 지내면 좋겠다.”

친구도 반가운 모양이다.

“숙아! 어쩜 너랑 나랑은 보통 인연이 아닌 것 같아. 우리 인생이 꼭 맞물려 돌아가는 듯하다.”

아쉽게도 어느덧 석양이 우리를 비춘다. 자주 만나자고 약속하며 헤어졌다. 그 후로 친구의 특별한 꿈은 더는 꾸지 않았다. 하지만 그 애와의 우정은 흐르는 시간만큼이나 쌓이고 더욱 깊어져 갔다.

바다와 서점에 미치고, 빠져

겨울의 끝자락 2월 말에 여행 왔다. 겨울은 참 힘들다. 족히 석 달은 추워서 웅크리고 지낸다. 더군다나 코로나로 두문불출하는 생활에 지치기도 했다. 이럴 때 여행만 한 치유가 없다. 남편 환갑기념 핑계로 왔는데 사실 남편 생일은 한 달 이상 남았고 내 생일이 지난주였다. 어떻든 여행 올 이유는 충분하다.

호텔이 기막히게 설계되어 있다. 체크인하는 로비에서 보는 바다의 수평선은 눈높이에 맞춰져 정확하게 일직선이다. 바닷가 호텔에 묵은 적이 많았지만 이곳은 특별하다. 마치 선상 크루즈 여행인가 착각할 정도다. 숙소에서 바다를 즐기기에 최적화된 디자인이다. 바다로 나가는 길목에서 생각지도 못한 서점을 만났다. 여행지 숙소에 근사한 서점이 있다니, 이건 뭐 선물 같았다. 다양한 책과 상품을 판매하여 구경할 거리가 많아 느긋하게 시간을 보냈다. 마음이 끌리는 몇 가지 책과 동생에게 줄 오리 그림엽서 두 장을 샀다.

떠나는 날, 역시나 평소 출근하는 이른 시간에 눈이 떠진다. 아직도 몸이 일하는 모드다. 전환이 덜 되어 있다. 아이들 방에서 바다 뷰가 환상이라는데 가보지 못했다. 딸은 가을에 결혼할 남친 생일이라 먼저 출발한다. 바깥 기척에 딸이 나가나 싶어 문을 열고 보니 다른 방 기척이다. 벨이 울린다.

"엄마 나 갈게"

저녁이면 집에 가서 만날 건데 이별이 참 새롭다. 여행은 참 묘하다. 사람의 감정을 깊게 건드린다. 이유 없이 그립게 한다.

"엄마 우리 방에 가서 바다를 즐거"

어제 산 82세 할머니 작가의 책과 시집을 챙겨 딸이 권

하는 바다를 즐기러 간다.

'헉! 어머나! 바다가 이런 것이었구나!'

생전 처음 바다 구경을 한 것처럼 그만 넋이 빠졌다. 이번 여행에 나는 동백꽃을 보러 왔는데 꽃은 이미 다 지고 내 맘은 허허로웠다. 그런데 가득히 채운다. 내 맘을, 바다가. 테라스에 오래 앉아서 바다에 빠져, 바다와 함께 글을 읽는다.

'고마워! 바다야. 충분해! 이번 여행의 의미.'

수평선을 바라보며 친구처럼 대화를 나눈다.

'너로 인해 난 또 미치고 빠져 행복할 거야.'

바다에 미치기에는 책을 읽는 것만으로 부족하다. 요즘 보는 드라마 시지프스 OST 'stay'를 틀어 놓는다. 가만히 앉아 있을 수가 없어 일어나서 흔들흔들 팔과 다리, 머리, 온몸으로 빠져든다. 해가 솟아 따뜻하게 반짝이는 바다를 마주하고 리듬에 맞춰 몸과 마음의 찌꺼기를 털어낸다. 행복하다. 살아있음에 감사하다.

체크아웃하고 아침 식사로 전복죽을 먹으러 나갔다. 어제 지나가다 봐둔 집이다. 전복죽과 전복구이가 품격 있게 맛있다. 직접 파래 전을 부쳐 먹게 반죽이 나왔다. 말할 것도 없이 맛있다. 2~3일 더 있으면 온전히 나를 비우고 확실한 여행 모드가 될 텐데 떠나려니 아쉽다. 기차역으로 출발 전에 시간이 남아 카페에 들렀다. 로마에 본점이 있는 유명한 '산 에우스타키오 일 카페'다. 바다가 눈앞에 펼쳐지는 멋진 뷰다. 코로나로 이태리에 갈 수 없는 대신 이태리 3대 커피를 마시고 이태리태생의 노란색 에스프레소 잔을 사서 길을 나섰다.

돌아오는 기차여행은 비 온 뒤의 고즈넉한 느낌이라 또 좋았다. 거리두기로 가족과도 떨어져 앉아 와서 혼자 여행의 기분, 그것도 좋았다. 마음이 고요해지는 혼여행을 맛볼 수 있었다.

본문 중 '신혼여행'의 여행지 하와이에서 촬영한 가족사진이다.
행복의 시간이 그대로 담겨있다.

두 번째 프러포즈